KB046262

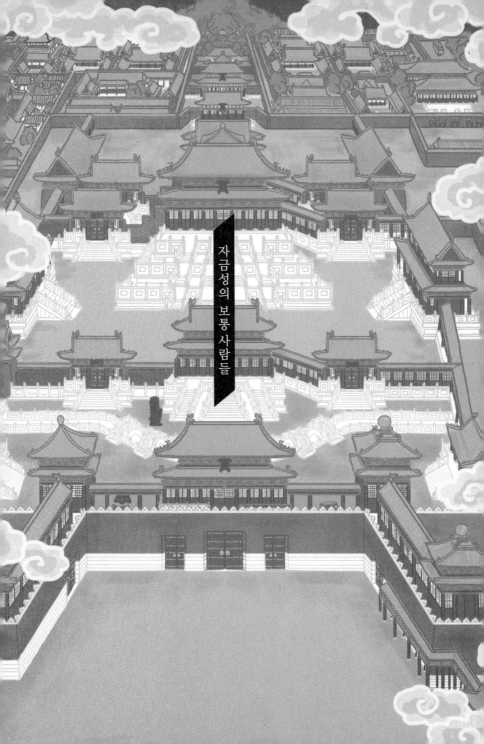

자금성의 보통사람들

UNTOLD STORIES INSIDE THE FORBIDDEN CITY: ORDINARY PEOPLE AND THEIR DAILY LIVES IN THE MING-QING ROYAL COURT(紫禁城裡很有事)

Copyright © 2017 by I-Chiao Wang
All rights reserved.
Published in agreement with China Times Publishing Company c/o The Grayhawk Agency, through Danny Hong Agency.
Korean translation copyright © 2019 by Sakyejul Publishing Ltd.

이 책의 한국어판 저작권은 대니홍 에이전시를 통한 저작권사와의 독점 계약으로
㈜사계절출판사에 있습니다. 저작권법에 의해 한국 내에서 보호를 받는 저작물이므로
무단 전재와 복제를 금합니다.

모두의 직장이자
생활 터전이었던
자금성의 낮과 밤

자금성의 보통 사람들

왕이차오 지음 · **유소영** 옮김

사계절

차례

일러두기

1. 이 책은 대만에서 2017년 5월에 출간된 『紫禁城裡很有事: 明清宮廷小人物的日常生活』의 한국어판이다.
2. 이 책의 중국어 고유명사는 한국어 한자 독음으로 표기하였다. 단 신해혁명 이후의 사람 이름은 국립국어원 외래어 표기법에 따라 표기하였다.
3. 원주는 본문에 괄호를 달고 그 안에 넣었으며, 보충 설명이 필요한 부분에는 옮긴이가 각주를 달고 설명을 추가하였다.

　필자의 은사인 왕판썬王汎森(대만대학 역사과) 교수는 「시대적 관심과 역사 해석時代關懷與歷史解釋」이라는 제목의 글에서 이렇게 말했다. "시대에 관심을 가진 사학자는 그의 관심, 시대적 상황 및 역사학 작업을 하나로 합친 삼측경三稜鏡(프리즘)으로 그가 속한 시대를 비춘다." 명청대 궁인들을 집중적으로 다룬 『자금성의 보통 사람들』은 마치 '삼측경'처럼 필자가 마음속에 간직한 시대적 관심과 삶에서 만난 여러 가지 일들, 그리고 수년 동안 명대와 청대의 문헌을 연구하며 얻은 감회를 담고 있다. 이 책에는 연구 과정에서 발견한 흥미롭고 재미있는 다양한 이야기를 수록하였다. 책을 구상하고 쓰기까지 꽤나 오랜 시간이 걸렸지만, 곰곰이 생각해보니 지난 10여 년간 명청대의 사료를 연구하면서 경험한 일들에 대한 따뜻한 기억이 더 많이 담겨 있는 듯하다.

2002년 처음으로 북경北京을 방문했을 때는 마침 초가을인지라 날씨가 이보다 더 좋을 수 없을 정도로 화창했다. 나는 거의 매일 고궁故宮[1]을 찾았다. 책에서 얻은 지식을 현장에서 눈으로 확인하면서 역사에 대한 감각이 더욱 예민해졌다. 오래된 전당과 누각은 더 이상 문헌 자료 안에 있는 자구字句나 문장이 아닌 두툼하고 견실한 인문역사의 축적이었다. 자금성紫禁城의 중축선을 따라 천천히 걷기도 하고 관람객을 따라 오랜 역사를 간직한 궁전 사이를 돌아다니면 시간이 사라진 초현실적 공간 속에 있는 듯 마음 깊은 곳에서 알 수 없는 감동이 밀려왔다.

당시 나는 북경대학 역사과의 단기 학습교류에 참가하고 있었다. 곡응태谷應泰가 역주를 단 『명사기사본말明史紀事本末』을 들고 전공 관련 지식을 쌓는 한편, 시간이 날 때마다 고궁은 물론이고 북경 곳곳을 돌아다니곤 했다. 교실에서 나와 역사의 현장에서 문자필묵이 남아 있는 그 옛날의 고적을 직접 체험하고 감상하는 것

---

[1] 자금성을 말한다. 명청대 황실의 궁전으로 북경의 중축선中軸線(도시 계획상 중심 기준선) 중심에 위치하고 있다. 전체 면적은 72만 제곱미터이고 건축 면적은 대략 15만 제곱미터이다. 크고 작은 궁전 70여 개가 자리하고 있으며 방의 수만 9,000여 개에 달한다. 명나라 영락 4년인 1406년에 건설을 시작하여 영락 18년인 1420년에 완공했다. 외조外朝와 내정內廷으로 구분된다. 외조는 태화전太和殿, 중화전中和殿, 보화전保和殿 등의 삼대전三大殿을 중심으로 국가의 전례를 거행하거나 황제가 집무하는 곳이고, 내정은 건청궁乾清宮, 교태전交泰殿, 곤녕궁坤寧宮 등의 후삼궁後三宮으로 황제와 황후가 거주하는 정궁正宮이다.

은 자못 흥분되는 일이었다. 아마도 이 책은 그때 시작되었으리라. 나는 역사와 문화에 대한 감동을 글로 옮겨 쓰고 싶다고 생각했다.

이후 10년간 줄곧 명청대의 역사 연구에 매진하여 『명청내각대고明淸內閣大庫』의 당안檔案[2]을 정리하는 일에 심혈을 기울이며 방대한 양의 역사 문헌에 청춘을 바쳤다. 흥미로운 궁중 이야기나 궁중의 일상에 담긴 소소한 이야기들은 사실 무미건조하기 이를 데 없는 고대 문헌, 특히 공문서를 정리하는 과정에서 발견한 것들이다. 이 책은 매일 적지 않은 양의 문서를 읽고 그 내용을 정리하고 요약하는 과정에서 시작되었다. 명청 시대를 거치며 국가가 기록한 문서와 사료 속에는 감동적인 이야기들이 적지 않게 섞여 들어갔다. 다만 오랫동안 산처럼 쌓인 방대한 문서 속에 깊이 잠들어 있었을 뿐이다. 어쩌면 누군가가 조용히 다가와 그 이야기들을 찾아내고 풀어주어 소리 없이 살다 간 뭇사람의 삶을 후세에 전해주길 기다리고 있었는지도 모른다.

이 책의 각 장은 오랜 시간에 걸쳐 별도로 작성되었고, 편집 과정에서 다양한 의견을 참고하여 독자들이 읽기 편한 순서로 차

2　보존할 가치가 있는 각종 형식의 문서 기록을 말한다. 중국의 각 왕조마다 서로 다른 명칭으로 불렸다. 예를 들어 진한대에는 전적典籍, 한위漢魏였고 이후에는 문서文書, 문안文案, 안독案牘, 박서簿書라고 불렸으며, 청대 이후로 당안이라 칭했다. 이 책에서는 이것을 공문 또는 문서로 번역했다.

례를 정했다. 명대에서 청대 초기, 건륭제(재위 1735~96)와 가경제 (재위 1796~1820) 시기를 거쳐, 도광제(재위 1820~50)와 함풍제(재위 1850~61) 시기의 궁중 문화와 관련이 있는 개인과 사건, 사물에 대해 이야기하고 마지막으로 만청 시기와 중화민국 건국 전후에 궁인들이 남긴 회고를 삽입했다. 독자들이 시간의 흐름과 역사의 변천에 따라 '함께 기뻐하고 함께 슬퍼하며' 그동안 사학자들이 소홀히 다루었던 궁인들의 삶 속으로 걸어 들어갈 수 있게 되기를 희망한다.

독자들은 이 책에 나오는 여러 궁인의 기록을 읽으면서 자신의 감정이나 관심을 줄거리에 맞추려는 실수를 할지도 모른다. 궁인들의 회고는 자금성에서 평생 보고 들은 내용이나 궁중의 세세한 일상생활, 그리고 그곳에서의 경험을 있는 그대로 기록한 것에 불과하다. 따라서 시각을 달리하여 그들의 삶을 바라보기 시작한다면 또 다른 풍경이나 역사의 저류底流를 만나게 될 것이다. 글자의 행간을 거닐다보면 궁중 문화에서 가장 부귀하고 화려했던 찰나의 영광 외에도 자금성이 역사의 뒤안길로 물러난 후에 궁전과 누각 어디엔가 남은 고요와 적막을 느끼게 될 것이다.

마지막으로 궁인들에 대한 나의 감상을 이야기하고 싶다. 우리는 궁정에서 소리없이 살다 간 뭇사람을 마땅히 기억해야 하며, 그들은 당연히 우리 역사의식의 일부가 되어야 한다. 왕판썬 교수는 한 강연에서 역사 연구에 대한 자신의 견해를 피력하면서, 이른바 '사학'이란 일종의 "새로운 양적 증대를 이루어야 하는 학문"이라고 말한 바 있다. 그렇게 함으로써 사람들은 생명의 존재와 층차層差를 관념이 아니라 주변의 일상적 언행에서 발견하게 된다는 뜻이다. 나 역시 역사 지식을 보급하고 역사 교양서를 집필하는 일이 '새로운 양적 증대'를 이룰 때 대중의 삶을 좀 더 넓고 깊게 하리라 생각한다. 역사적 기억이 우리에게 어떤 특별한 느낌을 주는지, 또는 자신과 사회에 대한 생각에 어떤 영향을 주는지 토론하는 일은 역사를 읽고 감상할 때 반드시 거쳐야 하는 과정이다. 명청대 궁인들의 이야기를 읽다보면 분명 주류 역사에 해당하는 사실 깊숙한 곳에 다양한 차원의 역사 지식과 기억이 자리하며 이 또한 각기 감동적인 부분이 있음을 발견할 것이다.

다시 말해 역사에 대한 각종 지식과 기억 사이에는 반드시 '이것 아니면 저것'이라는 식의 이분법 관계만 존재하는 것이 아니라 그 사이에 차이가 존재할 수 있으며, 심지어 때로 의외의 느낌을 주는 경우도 있다. 이는 종종 사람들의 마음 깊은 곳에 오랫동안 간직될 울림과 감동을 전달하기도 한다. 우리가 한 시대를 살펴볼 때 그 시대에 관한 다양한 역사적 지식에 주의하고, 서로 다른 기억을 이해하고 느끼며, 다양한 이야기와 기록이 자각적 또는 비자각적인 경합 관계에 있지는 않은지 유심히 살펴야 하는 이유다.

거대한 역사의 흐름 속에는 눈에 잘 띄지 않더라도 바닥을 도도히 흐르는 저류가 존재하며, 황제나 황후, 저명한 관리나 학자가 아닌 평범한 사람들의 이야기도 우리에게 깊은 감동을 가져다줄 수 있다. 역사 서술은 그것을 전하는 판본에 따라 내용이 같을 수도 있고 다를 수도 있다. 그것을 기록한 인물이 후대에 무엇을 남기기로 선택했는지에 따라서 어떤 사실이 의도적으로 누락되거나 소홀하게 다뤄질 수도 있다. 그러니 우리는 사유를 더욱더 다원화해야 한다. 대서사의 다원적인 경합 관계 및 대서사와 작은 이야기 사이의 차이가 과거의 일상생활에 대한 우리의 선택과 취향에 중요한 영향을 끼친다. 어쨌거나 평범한 우리는 역사 이야기에 자신의 감정과 신앙을 불어넣게 되고, 심지어 그 속에서 자신과의 동질성을 찾기도 한다.

명청 시대 궁중 사람들의 이야기는 다양한 판본의 역사 기억을 들추어내는 일이다. 이 책은 그동안 역사적 대서사에서 소홀히 다뤄진 조그마한 이야기들로 구성되어 있다. 책 속에 펼쳐지는 화려한 궁궐 속 평범한 사람들의 인생이, 그들이 겪어낸 생활의 고락이 우리 삶 속에 존재하는 소중한 편린과 닮았음을 발견하게 되기를 바란다.

제1장

궁에 사람이 필요하니
선발하여 보내라

조선궁녀와 교지태감

한국 여성이 아름답다는 말은 요즘 일반 상식이 되었다. 그런데 현대에만 그런 것이 아니다. 고대 동아시아 사료에서도 한국 여성의 아름다운 자태에 대한 기록을 찾아볼 수 있다. 한때 인기리에 방영되었던 한국 드라마 〈기황후〉[1]는 고려 여성 기씨가 원나라 궁녀[2]로 입궁하여 순제順帝(재위 1333~76)의 황후가 되기까지의 과정을 그린 전기이다. 그런데 기황후뿐 아니라, 원명 시대의 궁궐에는 고려와 조선에서 온 비妃(여기서는 궁녀라는 뜻이다)가 적지 않았다.

당시 고려는 원나라의 번국蕃國(제후국)으로, 두 나라의 왕실은 자주 혼인 관계를 맺었다. 고려의 왕은 원나라 황제의 신하였을 뿐만 아니라 황제의 사위라는 특수한 신분을 갖고 부마국駙馬國으로 예속되었다. 왕조가 원에서 명으로 바뀐 뒤에도 고려는 계속 번국으로 입조하며 중국에 조공했다. 고려가 사절단을 파견해 황제를 알현할 때는 각종 공물 이외에 여성도 함께 보냈다.

---

1 奇皇后. 원나라 순제 혜종의 황후로, 몽골식 이름은 '솔롱고 올제이 후투그'이다. 원나라 소종을 낳았다.

2 처음 궁에 들어갔을 때의 역할은 차茶 시접부侍接夫였다.

궁궐 안의 고려 공녀

원나라 궁궐에 공물로 바쳐진 고려 여성의 역할은 단지 시종에 그치지 않았다. 그들은 황실 구성원의 일상생활을 시중들었을 뿐만 아니라 순제 시기에는 친위·근시近侍를 도와 대도大都(북경이 원나라 수도였을 때의 이름) 곳곳을 정찰하는 등 황실과 친위·근시 집단 주변에서 중요한 역할을 담당했다.

예를 들어 순제 시기의 궁중 비사를 기록한 『경신외사庚申外史』를 보면, 순제가 궁궐에서 사사로이 티베트 불교의 비밀법문秘密法門(일종의 요가 동작이다. 종교적 관상觀想과 맥륜脈輪 등을 결합한 것으로, 일반적으로 차크라chakra라고 부른다)을 수련했다는 이야기가 나온다. 세상에 떠도는 소문은 대부분 비현실적이기 마련인데, 특히 비밀법문에 대한 내용은 언제나 현묘하고 기이한 이야기뿐이다. 학계의 견해에 따르면 이 이야기에 등장하는 비밀법문은 수양과 수명 연장을 목적으로 하며, 보통 티베트 불교의 상사上師(불학의 스승)가 일대일로 전수하는 방식으로 계승되었다.

원순제를 곁에서 보필한 호법護法(불법의 수호자)들은 고려에서 온 공녀를 이용해 대도의 이곳저곳을 방문하며 민가를 관리하였고, 그러다 조건에 맞는 규수를 찾으면 궁으로 불러와 황제의 비법 수양을 돕도록 했다. 원순제와 궁정의 수많은 무희들이 수양하던 천마무天魔舞[3]에도 다수의 고려 무희가 참여했다. 사서에 따르면 기황후 외에도 많은 고려 여성이 원나라 궁궐과 정치권력의 핵심, 심지어 황제가 좋아하는 각종 종교·예술 활동에서 상당히 중요한 역할을 담당했음을 알 수 있다(David M. Robinson, *Empire's Twilight: Northeast Asia under the Mongols*, Harvard-Yenching Institute Monograph Series xvi, 439 pp. Cambridge, MA, Harvard University Asia Center, 2009).

천마무의 진면목

역사언어학자들이 장어藏語(티베트어) 문헌을 통해 고증한 바에 따르면 천마무는 네팔에서 기원한 것으로, 호흡과 무용, 그리고 종교 관상이 결합된 특수한 종교무이다. 이 의식에서 여성은 '공행모空行母'로 분장한 채 춤을 추는데, 이는 천마무가 일종의 밀교 수행 법문이기 때문이다.

---

3   원대의 궁중 무용. 불교 찬양 의식, 연회 등에 등장한다. 16명의 궁녀가 보살 형상으로 치장하고 춤을 춘다.

명나라 궁궐의 고려인 후궁

명대에도 고려와 조선 출신의 여성이 적잖게 궁궐에서 생활했다. 예를 들어『명영종실록明英宗實錄』선덕宣德 10년(1435, 조선 세종 17년) 3월 초하루 기사에 관련 내용이 나온다.

조선국 여인 김흑金黑 등 53명이 자신의 나라로 돌아갔다. 김흑 등은 선덕 초년에 와서 오랫동안 경사에 머물렀다. 황상께서 향토와 부모를 그리워하는 그들의 마음을 가엾이 여겨 특별히 환관을 보내 송환토록 했다. 또한 조선 국왕에게 그들이 갈 곳이 없어 헤매지 않도록 잘 돌봐 모두 고향으로 돌려보내라고 분부했다.

선덕 10년 정월 선종宣宗이 붕어하고 영종이 즉위했지만 예법에 따라 이듬해에 연호를 바꿨다. 위에서 언급한 사료는 불과 아홉 살에 즉위한 어린 황제 영종이 회유와 인정仁政을 위해 발포한 훈령 중 일부이다. 황제는 명나라 궁궐에 머물던 조선 여성을 돌려보내면서 그들이 고향으로 돌아가서 평안히 살 수 있도록 환관을 파견했다.

『명태조실록明太祖實錄』과『명사明史』「조선전朝鮮傳」의 기록에도 고려 사신 주의周誼[4]의 딸이 원나라 말년에 입궁했는데, 이후 원순제가 도망가자 명태조 주원장朱元璋이 그녀를 받아들여 주비周妃로 삼았다는 기록이 있다. 주비는 민왕岷王 주편朱楩과 한왕韓王 주송朱松 등 두 번왕藩王[5]을 낳았다. 고려는 명나라와 친교를 맺기 위해 종종 주의 등을 사신으로 파견했다. 명과 고려의 우의가 깊어진 배경에는 혼인을 통해 맺은 관계가 자리하고 있음이 분명하다.

　두 나라 사이의 사적인 인연을 감안한 주원장은 요동도지휘사遼東都指揮使에게 고려 사신을 특별히 접대하도록 명했다. 그는 고려가 주의를 사신으로 보낸 진짜 목적이 단순하지 않음을 강조했다. 주원장은 "고려가 수차례 주의를 사신으로 보낸 배경에는 특별한 의도가 있다"고 말했다. 이를 통해서 우리는 명태조가 고려 출신의 비를 맞이했을 뿐 아니라 주비가 왕자를 낳아 궁궐의 중요한 여성 구성원이 되었음을 알 수 있다. 명나라 궁중의 상황을 파악한 고려는 양국의 혼인 관계를 자국의 외교적·정치적 목적 달성에 이용했을 가능성이 크다.

　어쨌거나 속담에도 '관계가 있으면 관계가 없고(문제가 없다), 관계가 없으면 관계가 있다(문제가 있다)'라는 말이 있지 않은가. 사람

4　고려 후기의 문신. 1374년에 상호군으로 밀직부사 정비鄭庇와 함께 사신으로 명나라에 다녀왔다.

5　번국을 통치하고 있지만 황제의 책봉을 받아야 하는 군주를 말한다. 조선의 국왕도 번왕에 속했다.

과 사람의 관계에는 언제나 양쪽의 의견을 전달해줄 매개가 있어야 한다. 하물며 국가 간의 왕래는 어떠하겠는가? 고려에서 주의를 사신으로 파견한 이유 가운데에는 주비를 이용할 의도가 있었음이 분명하다. 원과 명의 궁중에 있던 고려인 비를 통한다면 고려의 요청은 황제에게 곧바로 전달될 수 있었을 것이다.

주원장은 고려 출신 궁녀의 수가 적지 않다는 이유를 들며 그들을 보살피는 데 필요한 환관 200명을 보내라고 고려에 요구하기도 했다. 명나라 성조成祖 영락제永樂帝(재위 1402~24) 시절까지 궁궐에서 '고려비'를 선발하는 풍토가 이어졌으며, 성조 역시 조선에 다수의 궁녀를 요청했다. 심지어 "조선의 공녀貢女로 액정掖庭⁶을 충당했다"는 말이 나오기까지 했다. 인종仁宗(재위 1424~25)과 선종宣宗(재위 1425~35) 시대에도 상황은 다르지 않았다(명선종 시절 조선에서 공녀를 선발하는 과정과 당시 명과 조선의 정치상은 명사 연구자인 진학림陳學霖의 「선종 조선 선비와 명선 정치宣宗朝鮮選妃明鮮政治」, 『명대 인물과 사료明代人物興史料』를 참조). 그 밖에도 일부 그림 사료, 예를 들어 『선종행락도宣宗行樂圖』, 『사계상완도四季賞玩圖』 등 여러 도권圖卷에서 명나라 선종 시대의 궁정 생활을 개략적으로 살필 수 있다. 명 황제의 생활상을 보여주는 도권에는 적지 않은 궁인이 등장하

---

6   궁궐 동서 양쪽으로 비빈이 기거하던 곳이다.

는데, 그들이 입은 의상의 색이나 형태, 배색, 디자인에서 조선의
복식과 유사한 특징을 엿볼 수 있다. 이를 당시 조선이 스스로를
'소중화小中華'로 여겼기 때문이라고 단정할 수는 없으며, 어쩌면
명나라 궁정에 적지 않은 조선 출신의 궁인이 있었기 때문에 자연
스럽게 형성된 분위기일 수도 있다.

명나라 성조의 생모에 대한 학술 논쟁

궁정 생활은 대외적으로 알려진 것이 많지 않아 여러 가지 진위
를 알 수 없는 소문이 파다하게 전해진다. 명의 역대 황제들이 고
려 출신 후궁을 많이 받아들이면서 황제의 생모가 고려 출신이라
는 주장이 등장하기도 했다. 중화민국 초년(1912)에 사학계에서 벌
어진 논쟁이 대표적이다. 저명한 학자인 주시쭈朱希祖, 푸쓰녠傅斯
年, 우한吳晗, 리진화李晉華 등이 각자 관련 논문을 발표하고 일련의
문제를 제기하면서 성조의 생모 문제는 학술 현안이자 쟁론의 핵
심으로 떠올랐다.

그 가운데 명성조의 생모가 '공비碩妃'이며 고려에서 왔을 가능
성이 매우 크다는 주장이 제기되었다. 하지만 공비의 생애에 관해
서는 관방의 기록이 부실하며, 거의 전설에 가까운 이야기만 떠돌

고 있다. 주시쭈는 「명성조 생모에 관한 해명明成祖生母記疑辯」에서 이렇게 주장했다. "만약 태조의 비 또는 성조의 생모였던 공씨가 정말로 고려 출신이었다면 『고려사高麗史』에 틀림없이 대서특필되었을 것이다. 원나라 순제의 황후였던 기씨의 경우처럼 그녀의 가세家世를 상세하게 기록했을 것이다." 만약 공비의 생애에 관한 이야기가 사실이고 그녀가 정말로 고려에서 왔다면 기황후처럼 역사의 아름다운 이야기가 될 수 있을 것이다. 일련의 논쟁에서 주시쭈는 공비의 내력을 기황후의 일화와 비교하며 그 허실을 고증했다.

명초 궁정의 교지태감

궁녀 외에도 명나라 초기의 궁정에는 먼 지역에서 온 궁인 무리가 있었다. 그들은 어려서 선발되어 북경으로 와서 입궁한 교지태감[7]들이다. 영락제는 교지의 진조陳朝를 정복한 후 교지승선포정사사交阯承宣布政使司를 설립하고 자금성 건설을 위해 현지에서 솜씨

---

[7]   교지交阯는 고대 중국의 지명으로, 교지交趾라고도 쓴다. 지금의 베트남에 위치한다. 기원전 111년, 한무제가 남월국을 멸망시키고 지금의 베트남 북부에 교지, 구진九眞, 일남日南 등 세 군을 설치했다. 태감太監은 거세한 환관이다. 그러나 환관이 모두 태감인 것은 아니다. 본래 환관 가운데 재능을 지닌 이들만 태감이 될 수 있다. 근대로 오면서 태감과 환관을 동일시하여 같은 뜻으로 사용되었다.

가 좋은 장인과 노동자를 대규모로 징발하여 북경으로 이주시켰다. 영락제는 남방에서 온 이들의 생활 편의를 봐주는 동시에 지속적으로 여러 분야의 우수한 전문 인력을 교지에서 북경으로 이주시켜 궁정에서 부역하도록 했다.

다른 한편으로 영락제는 장기적으로 궁정에 필요한 전문 인력을 육성하기 위해 교지에서 용모가 준수한 어린 남자아이를 모집하여 궁정으로 보내도록 했다. 그들은 궁정에서 별도의 교육을 받아 문자를 깨우치고 글을 읽을 수 있었으며 내시 환궁宦宮에서 전문 인재로 육성되었다. 이들은 타고난 총명함을 바탕으로 맡은 영역에서 탁월한 실력을 발휘하면서 점차 궁 안에 자신들의 세력을 형성하기에 이르렀다. 그 가운데에는 특히 건축에 뛰어난 인물이 많았는데, 이들이 자금성 건설의 중요한 공정을 책임졌다.

교지태감들이 건축 사업에 투입된 것은 영락제의 의지와 관계가 있다. 영락제는 대규모의 인력과 물자를 동원하여 자금성의 여러 궁전을 짓고 북경을 명조의 새로운 수도로 조성할 계획이었다. 그는 전국 각지의 장인과 인부뿐 아니라 위소衛所[8]의 병정까지 징발하여 자금성 건설에 착수했다.

---

8   명조의 군대 편제 단위. 수도와 지방 군현에 모두 위와 소를 설치하고 외방은 도사都司가, 내지는 오부도독부五部都督府가 통할하였다.

일본 학자 아라미야 마나부新宮學 교수의 연구에 따르면, 궁전을 건축하기 위해 경기京畿 일대에 위소를 증설했으며 인근의 위소에서 많은 병력을 충원하여 건설 현장에 투입했다. 궁전 건설이 어느 정도 궤도에 오른 뒤에는 궁정의 일상을 보필할 잡역雜役과 차사差使[9]를 보충했다. 영락제는 조선과 교지 등지에서 인력을 징발하여 자금성에 배치했다.『명태종실록』권64의 관련 기록에 따르면, 영락 5년(1407) 2월 영락제는 안남총병관 장보張輔에게 칙유를 내려 안남 일대에서 장인을 징발해 북경으로 보내라고 지시했다.

영락 5년부터 영락 11년까지 세 차례에 걸쳐 교지에서 장인 선발이 이루어졌다. 최초로 징발한 인원은 7,700여 명이고, 두 번째는 9,000여 명, 그리고 마지막으로 징발되어 북경으로 보내진 인원은 130여 명으로, 모두 합쳐 1만 7,000명에 달했다. 명나라 조정은 장인들이 북경에 안착할 수 있도록 별도의 조치를 취했다.

사료를 통해 영락제가 내린 몇 가지 지시를 확인할 수 있다. "황상께서 남쪽 먼 곳에서 온 이들이 추위를 견디기 힘들 것이라 여기시고 공부工部에 명하여 금의錦衣(비단옷)를 지급하도록 했다." "황상께서 공부에 명하시어 겨울철 날씨가 추워 남황南荒[10] 사람들이

---

9   궁궐이나 관아에서 임시로 직무를 맡은 인원.

10   남방의 황량하고 아득한 곳, 즉 교지를 말한다.

견디지 못할 것이니 관원을 보내 금의와 화말靴襪(가죽신과 버선)을 하사하셨다."황상께서 소사所司(유사有司, 즉 관리)에게 명하시어 돈과 쌀, 옷, 그리고 거주지를 제공하며, 병든 자에게 의원과 약을 제공하라고 하셨다."이렇듯 의복을 보내 추위를 막도록 하고 경제적 지원과 의료 지원을 통해 교지 장인들이 북방의 기후에 적응할 수 있도록 했다. 자금성을 짓는 데는 방대한 인력과 물자가 필요했다. 명나라 조정은 온갖 방안을 마련하여 건축에 능통한 장인을 구하기 위해 애썼다. 전문적인 건축 기술을 지닌 장인을 구하기가 쉽지 않은 상황에서 자금성 건설에 필요한 장인의 수는 전례가 없을 정도로 많았다.

명대 초기 조정은 교지에서 장인이나 일반 노동자 외에도 아동을 징발했다. 아울러 조정은 특별히 관원을 보내 그들에게 글자를 배우게 하고 경전이나 사서를 가르쳐서 문화적 소양을 지닐 수 있도록 교육시켰다. 영락제가 적지 않은 인력과 물력을 교지 아동들의 교육에 투자한 이유는 그들에게 전문적인 기능을 익히도록 하여 향후 내시로 활용하기 위해서였다. 예를 들어 자금성 건설에 투입된 교지태감 완랑阮浪(사료에 따르면 안남[베트남]이 혼란해지자 태종이 장수를 보내 평정한 후 모두 귀부시켰다. 당시 10여 세로 외모가 준수했던 완랑 역시 명조에 귀부하여 액정에 선발되었는데, 태종이 그의 재주를 발견하고 내관에 들어가 학습하도록 명했다)이 대표적인 사례이다. 『명사』 「환관전宦官傳」에 따르면 영국공英國公 장보張輔가 교지에서 준수한 용모의 아동을 선발하여 함께 귀국했는데, 조정은 그들을 궁중 내시 태감으로 선출했다. 베트남의 중요 사서인 『대월[11]사기전서大越史記全書』 권8에서도 이에 관한 내용을 찾아볼 수 있다. "명나라 사람이 동도東都[12]로 들어와 수많은 남자아이를 엄할閹割[13]했다(역대 중국 왕조는 지금의 베트남을 교지라고 칭했다. 청나라 가경嘉慶 초년 1796년 완복영玩福暎이 안남에 완조玩朝를 세우고 청조에 남월국왕南越國王으로 책봉해줄 것을 요청했다. 이에 가경제는 논의 끝에 월남국왕越南國王으로 명칭을 바꾸어 완씨를 왕으로 책봉했다. '월'은 선세先世의 강역疆域을 뜻하며, '남'은 백월百越의 남쪽에 있다는 뜻이다. 이후로 '월남'이라는 말이 사용되어 지금에 이른다)." 이상의 사료에서 볼 수 있듯이 교지에서 선발하여 북경으로 데려온 아동은 주로 신체가 반듯하고 얼굴이 준수한 아이들로, 나이는 대략 10세 전후였다. 그들은 북경으로 송출된 후 궁중에서 일정한 교육을 받은 뒤 내시가 되거나 궁중의 잡무를 맡았다. 외모가 준수한 아이들을 선발한 이유는 무엇보다 천조 황실의 체면 때문이었을 것이다.

이들은 일련의 훈련을 받은 뒤 태감이 되었으며, 내정의 여러 감

---

11 대월大越은 1054년부터 1804년까지 베트남의 정식 국호였다.
12 지금의 하노이로, 이전에는 승룡乘龍이라고 불렸다.
13 거세하여 환관을 만들었다는 뜻이다.

사監司(환관 조직의 관직이나 관아)에서 하급 관리로 일했다. 내관감內官監[14]은 명대의 환관 조직인 십이감十二監[15] 가운데 하나로 나무, 돌, 기와, 흙 등 건축에 필요한 자재를 맡아 궁실 건축을 담당했다. 당시 교지의 아동을 여러 감사 중에서도 특별한 기술이 필요한 내관감에 배치한 이유는 그들의 장기인 건축술을 중시했기 때문이다. 예를 들어 완안阮安, 완낭阮浪, 완백阮白 등 교지 출신의 태감이 내감관에 배치되었다. 교지와 조선에서 온 궁인은 명대의 궁전 건설에 있어서 상당히 중요한 역할을 담당했기 때문에 이들에 대한 보다 심도 깊은 연구가 필요하다.

베트남의 역사 연구자인 장슈민張秀民 교수는 『중월관계사논문집中越關係史論文集』에서 태감 완안의 사례를 분석했다. 완안은 영락 5년(1407)에 선발되어 환관이 된 후 북경의 궁전 건축에 투입되었다. 당시 나이는 대략 20세였다. 그는 영락, 정통(1436~49) 연간에 자금성을 건설하는 대규모 사업에 참여했을 뿐만 아니라 북경 내성의 여러 건축물, 예를 들어 문루와 월성月城(성을 보호하기 위해 성문 바깥쪽에 반원형으로 쌓은 옹성甕城), 성호城濠(성곽의 둘레를 감싸고 있

---

14 환관 조직을 이른다. 명조는 역대 중국 왕조 가운데 가장 방대한 환관 조직을 운영했다.

15 명대의 환관 조직은 십이감, 사사四司, 팔국八局으로 이루어져 이십사아문二十四衙門이라 칭했다. 그 가운데 십이감은 사례감司禮監, 내관감, 어용감御用監, 사설감司設監, 어마감御馬監, 신궁감神宮監, 상선감尙膳監, 상보감尙寶監, 인수감印綬監, 직전감直殿監, 상의감尙衣監, 도지감都知監 등이다.

는 도랑, 해자), 교갑橋閘(교량의 수문) 등의 건설에도 참여했다.

이처럼 교지 출신 궁인들은 뛰어난 능력과 솜씨로 궁중에서 총애를 받았으며, 중요한 직무를 담당했을 뿐만 아니라 일정한 세력을 갖춘 집단으로 성장했다. 장슈민은 그들을 '교지파交阯派'라고 부르기도 했다. 당시 조선에서 온 궁인과 비교할 때 교지 출신 궁인은 궁정 안에서 더 중요한 역할을 맡았기 때문에 결코 무시할 수 없는 정치 세력이 되었다.

제2장

속히 옳고 그름의 경계를
분명히 배우소서

강관, 제왕의 스승

명조의 황자皇子 교육에 관한 제도 규정에 따르면, 황태자가 8세가 되는 해에 예부는 「동궁출각강학東宮出閣講學」을 상주上奏하여 태자를 위한 교육이 정식으로 진행되기를 청했다. 하지만 때로 황제가 태자의 나이가 어려 강학을 견디기 힘들 것을 우려하여 10세가 되어서야 교육을 시작한 사례도 있다. 만력제萬曆帝(재위 1572~1620)의 경우 아버지인 융경제隆慶帝(재위 1567~72)가 예부의 주청奏請에 "10세가 되면 다시 건의하라"는 지시를 하달한 바 있다. 나중에 장거정張居正 등이 융경제에게 「청황태자출각강학소請皇太子出閣講學疏」를 상주하여 조속히 태자의 교육을 시작할 것을 주청했지만 황제는 상주문을 보류한 채 아무런 비답批答도 내리지 않았으며, 신하들에게 재차 논의하라는 지시도 하지 않았다. 결국 태자의 교육은 황제의 명대로 미루어졌다.

장거정은 주소奏疏(상소문)에서 만력이 이미 8세가 되어 강보襁褓(포대기)에 싸인 어린아이가 아닐뿐더러 바로 이 나이가 "총명이 처음으로 발하는 시기이고 이욕理欲(이성과 욕망)이 서로 이기려고 하는 때"라고 했다. 반드시 교육을 주관해야 할 황금기라는 뜻이다. 그는 보다 이른 시기에 교육을 시작함으로써 태자가 빨리 영명한 인재로 성숙하여 성군이나 현군으로서 정치적 업적을 세울 수 있도록 준비해야 한다고 주장했다. 그러나 그의 주장은 받아들여지지 않았다. 융경제가 서거한 뒤인 융경 6년(1572) 8월 초여드레에 장거정은 다시 주장奏章을 올려 만력제에게 동년 8월 중순부터 문화전文華殿에서 정식으로 일강日講을 시작하기를 주청하는 한편, 이듬해 봄에 경연經筵을 열 계획에 착수했다.

명대의 제왕 교육 – 일강, 오강, 경연

황태자는 황제가 된 후에도 군주에게 필요한 경전 지식을 습득하기 위해 경연과 일강을 지속했다. 예를 들어 명나라 효종孝宗(재위 1488~1505)이 서거하고 무종武宗(재위 1505~21)이 계위한 지 얼마 되지 않아 대학사 유건劉健 등이 무종에게 일강을 거행할 것과 더불어 이듬해 2월 경연을 개설하자고 주청한 일이 있었다. 장거정은 이 예를 본받아 융경제에게 조기에 황태자의 일강과 경연을 시작하자고 아뢴 것이다.

일련의 과정이 교육 기간 내내 똑같이 이루어졌다. 일강관日講官이 수업 내용을 강의하기 전에 황제는 스스로 『대학大學』과 『상서尚書』를 10번씩 낭송했다. 강관이 진강을 끝내면 황제는 문화전文華殿 난각煖閣[1]에서 잠시 휴식을 취하며 사례감 태감이 올린 각 아문의

---

1   난방 설비가 되어 있는 휴식 공간.

경연

명대의 '경연'은 일련의 전례典禮 규장의식規章儀式에 따른 교학 활동
이다. 건국 초기에는 명확한 거행 날짜나 장소가 정해지지 않았다. 하
지만 경연에 관한 일련의 조치가 마련되면서 정통 연간에 정식 규장
의식, 즉 규의規儀가 만들어졌다. 『대명회전大明會典』에 따르면 "국초
國初 경연은 고정된 일자 없이 때로 문학시종文學侍從 등의 신하가 강
학했으며, 정해진 장소도 없었다. 정통 초에 비로소 의식이 마련되어
매월 2일 문화전에서 진강進講했으며, 덥거나 추울 때는 잠시 피했다."
경연은 매월 2일, 12일, 그리고 22일에 거행되었다. 구체적인 경연 기
일과 시간은 만력제 원년(1573) 5월 조신들이 의논하여 정했다. 춘강春
講은 2월 12일에 시작하여 5월 2일에 끝나는 것으로 정해졌으며, 추강
秋講은 8월 12일에 시작하여 10월 2일에 끝났다.

시행 세칙에는 세세한 규정이 있는데, 예를 들어 참여 성원의 직무 등
에 관한 것이다. 예부의 책임대신들은 황제의 유학 경전 학습 효과를
제고하기 위해 보다 좋은 교육 환경을 만들고자 고민했다. 『대명회전』
에 '경연회장'의 배치에 대한 상세한 기록이 나오는데, 예를 들어 어좌
의 위치와 강관이 앉는 강안講案의 위치 등을 모두 정해놓았다. 경연은
일정한 순서에 따라 진행되었는데, 이 또한 『대명회전』에 자세하게 기
록되어 있다. 황제의 자리와 진강하는 관원의 자리, 그리고 경전이나
사서의 배열 방식, 의식 중 이루어지는 찬례贊禮와 고수叩首 순서 등도
모두 규칙에 따라 이루어졌다.

일강

일강은 일정한 규정에 따라 진행되는 교학 과정을 말한다. 황제는 규범으로 정해진 일정과 교학 내용에 따라 유가의 중요 경전을 학습했다. 학습량과 속도는 장거정이 만력제를 위해 명나라 역대 일강 제도의 규정을 참조하여 만든 『일강의주日講儀注』에 근거했다. 교학의 내용은 만력제가 동궁 시절에 이미 숙독한 바 있는 『대학』과 『상서』 등의 경전을 기초로 삼았다. 교학은 조정의 국사로 인해 잠시 강독을 면하거나, 대한大寒이나 대서大暑 또는 폭풍우가 심한 날 일시적으로 휴강한 경우를 제외하면 거의 매일 똑같은 방식으로 진행되었다.

상주문을 열람했다. 이때 강관은 문화전 서쪽의 곁방으로 물러나 있었다. 황제는 각 아문에서 올린 상주문을 읽다가 의문이 생기면 가까운 곳에 있는 강관을 불러 하문했다. 상주문을 다 읽고 지시를 내리면 강관이 정자관正字官[2]을 불러와 황제가 서법을 연습할 수 있도록 도왔다.

서법 수업이 끝나면 황제의 의중을 살펴 휴식 여부를 판단했다. 만약 황제가 휴식을 취하지 않겠다고 하면 강관은 오강午講을 진행

---

2 한림원翰林院 소속의 관리.

했다. 오강의 중요한 내용은 『자치통감資治通鑑』을 읽는 것이다. 강관들은 역대 왕조의 역사를 이해하기 쉽게 강의하여 황제가 그 안에서 흥망성쇠의 이치를 깨닫도록 했다. 만약 황제가 내용을 제대로 이해하지 못하거나 궁금한 것을 물어보면 강관은 더 쉬운 말로 상세하게 설명했다. 오강이 끝나면 황제는 궁으로 돌아가 휴식을 취했다.

회궁 후에도 해야 할 일이 남아 있었다. 장거정이 정한 순서에 따라 만력제는 그날 읽은 경서의 내용을 반드시 복습하고 서법을 더 연습해야 했다. 학습 효과를 높이기 위해 황제의 일상생활에도 일과 휴식에 대한 상세한 규정이 마련되었다. 이에 따라 황제는 매일 해가 뜨면 아침밥을 들고 일강이 끝난 후에 점심밥을 들었다.

만력제의 경우 학습 진도가 빈틈이 없을 정도로 빡빡하게 짜여 있었다. 또한 그 내용도 결코 쉽지 않았다. 예를 들어 그는 만력 원년(1573) 정월 초닷새에 조정에 "이달 초이레에 일강을 시작한다"는 어지를 전달했다. 연말연시에도 교육을 지속한다는 뜻이다.

장거정은 만력 원년 10월 초열흘에 상주문을 올려 이듬해 2월 초이튿날 전후로 경연 의식을 정식으로 거행하기를 주청했다. 또한 그는 전문적으로 진강을 담당하는 교학 단체를 조직하는 등 황제의 교육에 큰 공을 들였다. 그 가운데 만력제는 성국공成國公 주희충朱希忠을 지경연관知經筵官으로 임명하고 대학사 여조양呂調陽

을 동지경연관同知經筵官으로 임명했다. 그리고 시독대학사侍讀大學
士 왕희열王希烈을 경연관분직시독經筵官分直侍讀으로 임명했으며,
정사미丁士美, 도대림陶大臨, 진경방陳經邦, 하낙문何雒文, 심리沈鯉 등
을 강독관으로 임명했다. 이들은 모두 조정의 뛰어난 인재였다.

황실의 교과서-『제감도설』과 제왕 교육

장거정은 만력제를 위해 『제감도설帝鑑圖說』이라는 계몽서를 만
드는 일에 심혈을 기울였다. 『제감도설』은 융경 6년(1572) 12월 18일
진강 때 장거정이 강관과 함께 황제에게 바친 책으로 일강 교육의
중요 교재이다. 『제감도설』은 내용 면에서 상당히 창의적이며, 크
게 두 부분으로 나뉘어 있다. 상편은 「성철규범聖哲規範」으로 성인
이나 영명한 제왕의 규범에 관한 것이고, 하편은 「광우복철狂愚覆
轍」로 교만하고 우매한 군주의 전철前轍을 밟지 말라는 뜻에서 포
악한 군주의 예를 기록한 것이다. 이렇듯 역대 제왕의 언행과 사례
에 대해 긍정적인 면과 부정적인 면을 동시에 진술하여 황제가 참
조할 수 있도록 편찬했다. 구체적인 내용은 요순堯舜부터 시작하여
북송까지 역대 제왕의 언행과 사례 가운데 가히 법도로 삼을 수 있
는 선한 내용 81가지와 경계로 삼을 수 있는 악한 내용 36가지로

이루어져 있다. 문장과 더불어 그림을 삽입하여 보다 쉽게 설명하였고 동시에 옳고 그름을 설명하는 주注를 달아놓았다. 모든 사례를 전기체傳記體(소설체)의 백화白話(구어체)로 해석하고, 아름다운 그림을 넣어 시각 효과를 극대화했다.

『제감도설』을 두 권으로 구분한 데에는 나름의 이유가 있었다. 상권은 81가지, 하권은 36가지 사례를 담고 있는데, 이에 대해 장거정은 「진제감도설소進帝鑑圖說疏」에서 다음과 같이 설명했다. "선행은 양陽이자 길수吉數이기 때문에 구구팔십일의 단수單數를 사용하여 양수陽數를 상징하고, 악행은 음陰이자 흉수凶數이기 때문에 육육삼십육의 쌍수雙數를 사용하여 음수陰數를 상징했다." 이는 모두 역학易學의 함의에 바탕을 둔 것이다. 그 밖에 책의 제목을 정하는 일에도 신경을 썼다. 장거정 등은 당태종의 "이고위감以古爲鑑", 즉 예전 사례를 귀감으로 삼는다는 뜻을 인용하여 책의 제목을 『역대제감도설歷代帝鑑圖說』이라고 칭했다. 그러나 『명실록』과 장거정의 『장태악문집張太岳文集』에는 대부분 『제감도설』이라고 적혀 있다.

장거정은 『제감도설』의 편찬 의도를 상세하게 설명했는데, 다음 두 가지로 요약할 수 있다. 첫째, 그는 이 책을 통해 만력제가 역사에서 정치의 득실에 대한 지식을 효과적으로 습득하기를 희망했다. 그는 이렇게 말했다. "삼가 생각하옵건대, 사람은 많이 듣기를 구한다고 하였습니다. 어떤 일이든 반드시 옛것을 스승으로 삼고 매사에 사가史家의 유파를 고려하고자 한다면 대략만 보아도 수백 수천입니다. 유생이 백발이 되도록 공부해도 이를 다 알 수 없으니 어찌 인주人主(군주)께옵서 하루에 만기萬幾[3]를 처리하며 모든 일을 살피실 수 있겠습니까?" 그는 황제가 매일같이 수없이 많은 업무를 처리할 때마다 사서를 참고하기는 불가능하다고 생각했다. 그렇기 때문에 황제가 어린 시절부터 그림과 문장이 잘 어우러진 『제감도설』의 내용을 숙지한다면 역대 정치의 득실과 성패를 이해하는 데 큰 도움이 될 것이라 여겼다.

둘째, 『제감도설』은 도덕적 권유의 의미를 지니고 있다. 다시 말해 장거정은 황제가 이 책을 학습하는 과정에서 전대의 교훈을 받아들여 덕으로 선정을 베풀고 후세의 존경을 받는 모범이 되기를 희망했다.

『제감도설』과 군신 간의 교학 문답

만력 원년(1573) 10월 무렵 장거정은 『제감도설』을 진강하는 자

---

3   제왕이 일상적으로 처리해야 하는 번잡한 업무를 말한다.

리에서 송나라 인종이 주옥珠玉을 좋아하지 않았다는 고사를 인용했다. 만력제는 진강이 끝난 뒤 "나라의 보배는 어진 신하에게 있다"라고 말했다. 군왕은 어진 신하를 존중하고, 주옥 등 금은보화에 관심을 가져서는 안 된다는 뜻이다. 장거정은 한 걸음 더 나아가 만력제에게 이렇게 말했다. "명군은 오곡을 귀하게 여기고 금옥은 천하게 여깁니다." 오곡 등 식량은 사람을 양육하는 것이어서 예부터 성왕들이 중시했으며, 금옥은 비록 진귀하다고 하지만 기아에 허덕일 때 먹을 수 없고 추워도 옷을 해 입을 수 없다는 뜻이다.

만력제는 궁중 부녀자들에게 비용을 지불하는 문제에도 관심을 보였다. 장거정은 매년 관례에 따라 궁중의 부녀자에게 각종 장식품의 비용을 하사하지만 절약과 검소를 중시하다보니 궁인들이 불만이 있다고 말하면서, 그럼에도 궁중의 어고御庫에 저장되어 있는 물품이 부족하니 지출을 줄이라고 아뢰었다. 또한 만력제는 장거정과 이태후李太后의 외척인 이위李偉가 누차 하사품을 요청하면서 은총에 기대어 권세를 남용하는 문제를 토론하는 한편, 일강 때 강관들에게 속마음을 털어놓기도 했다. 황제는 법률을 지키지 않는 외척을 자신이 "완곡하게 중재했다"고 말하면서, 외척은 권리만 남용할 줄 알지 법은 수호하지 않아서 상당히 곤란하다고 했다.

만력제와 장거정은 명나라 역대 황제를 평가하기도 했다. 장거정은 명대 황제의 실덕失德 사례나 정무 태만 등에 대해서도 거리

낌 없이 언급하며 반면교사로 삼으라고 주청했다. 『국각國権』의 기록에 따르면, 만력 4년(1576) 3월경 장거정이 『제감도설』을 진강하면서 당나라 현종玄宗이 안록산安祿山을 근정루勤政樓로 초청하여 연회를 베푼 사건에 대해 논했다. 두 사람의 화제는 개원지치開元之治[4]에서 안록산의 난으로 이어진 일련의 역사에 관한 것이었는데, 장거정이 돌연 화제를 바꾸어 명세종明世宗 가정제嘉靖帝(재위 1522~66)가 치세 초기에는 농민의 생계를 중시하고 정무에 힘썼지만 말년에는 도교를 신봉하고 현묘한 수양을 숭상하면서 정무에 태만해진 것에 대해 이야기했다. 장거정은 세종의 정치 득실에 대해 말하면서, 마지막으로 『대보잠大寶箴』에 나오는 '백성은 처음을 생각할 뿐 마지막은 보장하지 않는다民懷其始 未保其終'는 구절을 인용하여 황제에게 시종일관 국가의 장구한 번영을 위해 노력하라고 당부했다.

장거정은 『대보잠』을 보충 교재로 활용했을 뿐만 아니라 황제의 붓글씨 저본으로 삼도록 했다. 그 덕에 만력제는 서법을 연습할 때마다 『대보잠』의 내용을 공부할 수 있었다.

이외에도 『대보잠』의 학습 효과를 강화하기 위해 장거정은 친히 『대보잠』에 대한 주해서를 편찬하여 만력제가 그 전체 내용을

---

4   당현종이 다스린 시기 중 개원 연간(713~41)의 치세를 말한다.

『대보잠』

장거정이 진강 교재로 선택한 『대보잠』은 당태종 시절의 서기관인 장온고張蘊古가 어람용御覽用으로 진상한 규잠規箴이다. '대보'는 군주의 보위寶位를 뜻하며, '잠'은 '경계지사儆戒之辭' 즉 군주가 일상에서 반드시 공경하고 준수해야 할 규정과 원칙을 담고 있다. 군신은 상하가 유별하기 때문에, 신하는 감히 천자에게 직접 권고할 수 없었다. 그래서 책 이름을 『대보잠』으로 정해 완곡하고 공경하게 황제에게 권유한다는 뜻을 담았다. 『제감도설』의 항목 가운데 「납잠사백納箴賜帛」을 보면 『대보잠』의 중요성에 대해 생동감 있게 설명하는 대목이 등장한다. "이 잠箴(『대보잠』)에 나오는 언어는 매 글자가 진실하고 적절하며 구절마다 흥미가 있어 이를 따르면 요순이 되고 이에 반하면 걸주桀紂가 될 것입니다. 인군께옵서 대보에 임하시어 항시 살펴보시고 규잠으로 삼으신다면 보위를 보존하실 수 있다는 뜻에서 이름을 『대보잠』이라고 지었습니다."

숙지하고 암송할 수 있도록 했다. 실제로 일련의 학습을 통해 만력 4년 2월 19일 황제는 문화전에서 『대보잠』을 완벽하게 암송했다. 당시의 기록에서 우리는 황제가 한 자도 틀리지 않고 『대보잠』을 큰소리로 암송하는 광경을 상상해볼 수 있다. 문화전 안에 황제의 낭랑한 목소리가 울려 퍼지는 동안 시립한 수많은 관원들은 감동하여 크게 기뻐하며 찬사를 보냈으리라.

실무 분석 및 정책과 연결된 교학

만력 원년(1573) 9월 일강 중에 황제는 장거정에게 이부상서吏部
尙書를 임명하는 문제를 하문했다. 『명실록』에는 두 사람이 문화전
에서 이부 전조銓曹[5]의 이부상서 인사 건을 논의한 과정이 상세하
게 기록되어 있다. 당시 이부는 갈수례葛守禮, 주형朱衡, 그리고 장
한張瀚 등 3명을 천거한 상태였다. 만력제는 장거정에게 셋의 이력
을 소개받은 후 자신의 의견을 밝혔다. 황제는 갈수례의 경우 품
성이 좋고 인물은 단정하지만 나이가 비교적 많으며, 주형은 외부
의 평가가 좋지 않으니, 남경南京의 공부상서工部尙書인 장한을 이
부상서로 임명하는 것이 적합하지 않겠느냐고 장거정에게 하문했
다. 이에 장거정은 "황상께서 그를 얻으실 것입니다"라고 회답했
다. 장거정은 장한은 품격이 높고 문학이나 정사에 뛰어나 능히 이
부상서직을 맡을 만하다고 생각했다. 또한 그는 황상이 일반의 예
상을 벗어나 탁월한 선택을 했다고 여겼다. 남경에서 근무하고 있

---

5   관리 선발을 주관하는 부서.

던 장한을 황제가 친히 북경으로 부른다면 그는 황은에 감읍하여 종사에 최선을 다할 것이기 때문이다.

이 예를 통해 우리는 장거정이 제왕의 스승으로 일강을 진행하면서 역사적 경험이나 관련 고사를 가르치는 것 외에도 조정의 인사 문제 등 실질적인 행정 처리에서 황제가 정확한 결정을 내리도록 인도했음을 알 수 있다. 실무 경험을 통해 황제는 인사를 포함한 여러 일을 처리할 때 어디에 중점을 두어야 하는지 학습했으며, 이를 통치 능력으로 더욱 확고하게 다질 수 있었다.

일강에서는 정책 결정에 대한 토론 외에도 특정한 사건이나 법률에 대한 논의도 이루어졌다. 예를 들어 만력 3년(1575) 4월경 만력제와 장거정은 금의위錦衣衛 도독 육병陸炳에 관한 안건을 논의했다. 그때 육병은 이미 사망한 후였다. 그는 생전에 행궁에서 화재가 났을 때 가정제를 구한 공로를 세운 적이 있었다. 그 일로 황제의 총애를 입은 그는 오만해져 제멋대로 세도를 부리다 결국 죄행이 탄로나 가산을 몰수당했다.

나라에는 당연히 국법이 있기 마련이니, 명대에는 『대명률大明律』에 따라 다스렸다. 이에 따르면, 모반이나 반역죄의 경우에만 국가가 가산을 몰수할 수 있을 뿐 나머지 죄에는 가산을 몰수하는 조항이 없었다. 육병이 죽은 후 후손들은 의지할 곳 없이 빈곤에 허덕였다. 게다가 가산 몰수 외에 세금을 부과하고 전량錢糧(봉급)을 추적하여 압류하기까지 했다. 장거정은 만약 가중 처벌하여 끝까지 죄를 다스린다면 육병의 후손들은 죽음을 면할 수 없다고 황제에게 말했다. 또한 육병은 모반이나 반역의 죄를 지은 것도 아니고, 일찍이 황제를 보호한 공로도 있기 때문에 그의 자식을 국가가 보호하지 않는다면 인정에 부합하지 않는다고 말했다. 토론 끝에 만력제는 사법 관원에게 육병의 생전 공과와 가산 문제를 보다 상세하게 논의하여 다시 처리하라고 주문했다.

조정은 육병의 가산이 전부 몰수된 상태이고 그의 자손들도 죄에 연루되어 처벌을 받은 상황이지만 정상을 참작하여 감형하기로 결정했다. 이처럼 황제는 토론하면서 정리情理와 국법 간의 균형을 고려하고 황실의 존엄을 유지할 수 있었다. 장거정은 교육을 통해 황제가 정사에 만전을 기할 수 있도록 하는 한편, 이전부터 누적되어 온 여러 가지 복잡한 정치 문제에 보다 적절하고 타당한 조치를 취할 수 있게 했다.

청나라 상서방과 황자 교육

청대의 황자 교육은 '국어기사國語騎射'를 중시했다. 교육 과목은 주로 그들이 만주어를 익히고 말을 타고 활을 쏠 수 있는 능력을 배양하는 데 치중되어 있었다. 명조와 청조의 제왕 교육은 그 내용에서 상당한 차이를 보일뿐더러 교학의 장소 또한 달랐다. 명대에는 문화전에서 교육이 이루어졌지만 청대에는 상서방尙書房에 황자 교육을 위한 인원을 배치하여 문화 지식을 전수했다.

『대청회전사례大淸會典事例』에 따르면, 황자는 6세가 되면 반드시 상서방으로 가서 책을 읽고 중요 과목을 학습해야 했다. 황손과 황증손 또한 마찬가지였다. 교학을 담당하는 사부師傅의 자질도 중요했다. 주로 대학사, 상서, 한림에서 만주족과 몽골족 출신의 대신이나 시위 가운데 탁월한 인물을 선발했다. 건륭 13년(1748) 황제는 「어제종실훈御製宗室訓」을 내려 종실의 자제들에게 국어기사 학습을 강조하는 동시에 한문漢文으로 된 경전을 열심히 읽고 시문詩文을 익히라고 주문했다. 아울러 '책을 읽어 본분을 지키는 일讀書守分'을 언급하면서 효제충신예의염치孝弟忠信禮義廉恥 등 인간이 반드시 갖춰야 할 기본 도리를 분명하게 학습하라고 강조했다. 건륭제는 「어제종실훈」을 초록하여 상서방에 걸어놓고 학업에 임하는 황자, 황손들이 '매일 직접 눈으로 보면서 경계하는 마음을 갖고 삼가 나의 뜻을 계승하기觸目儆心 敬紹予志'를 희망했다.

국어기사의 '국어'는 만주어를 학습하여 만주족의 언어와 문자를 익숙하게 사용할 수 있도록 가르치는 과목이다. '기사'는 말을 타고 달리며 활을 쏘는 기술을 가르치는 과목이다. 말 위에서 천하를 얻은 만주족은 기사를 중요하게 여겼다. '국어'와 '기사'는 만주 문화의 근본이자 황자 교육의 핵심이었다.

규정이 아무리 상세하더라도 본시 인성은 안일을 좋아하기 마련이다. 청조의 황자 교육도 긴장이 느슨해지면서 규정에 어긋나는 일이 벌어지기 시작했다. 그러나 일반의 예상과 달리 문제는 황실의 자제들이 아니라 상서방의 사부들이 촉발했다. 상서방의 규정에 따르면, 사부는 매년 춘분 이후 매일 신정申正⁶에 수업을 파하고 퇴근하며, 추분 이후에는 수업 시간을 조금 앞당겨 매일 신초申初, 즉 오후 3시에 수업을 끝내야 한다. 그러나 세월이 흐르면서 상서방의 사부들이 규정을 따르지 않고 수업의 시종을 제멋대로 했다. 사부는 자신의 퇴근 시간을 관문태감管門太監에게 고지하여 기록해야 했다. 이는 사부의 출강을 조사하고 심사하기 위함이었지만, 관문태감도 그들의 퇴근 시간을 제멋대로 기입하기 일쑤였다. 종이로 불을 쌀 수는 없다는 말처럼, 문제가 불거지더니 결국 가경제까지 알게 되었다.

가경 11년(1806) 11월 황제는 특별 유지를 하달하여 당직 사부는 반드시 규정에 따라 수업을 시작하고 끝내며, 관문태감은 성실하게 출퇴근 시간을 기록하여 임의로 행하는 일이 없도록 하라고

---

6   신시(15~17시)의 중간인 16시를 말한다.

지시했다. 만약 사부가 제멋대로 수업을 파하거나 태감이 상세하게 기록하지 않을 경우 일괄 조사하여 엄벌에 처하겠다는 지시도 뒤따랐다. 중앙연구원 역사어언연구소가 소장한『명청내각대고당안明淸內閣大庫檔案』에 이와 관련된 상유上諭(조서, 조칙)와 더불어 상서방의 사부 만승풍萬承風, 계방桂芳, 대전사戴殿泗 등이 심의를 통해 반년치 봉급을 삭감당하는 처분을 받았다는 기록이 있다.

이듬해 10월 중순경 황제는 상서방 사부 대전사에 대해 "어리석고 무능하여 근본적으로 사부의 책임을 맡을 수 없다. 근자에는 수업 시간을 어기는 등 허물이 많다"라고 평하며 상서방에서 퇴출시키고 봉급을 3개월간 삭감하라고 지시했다. 동시에 학습의 질을 향상시키기 위해 사부를 교체하고 왕의수王懿修를 상서방 사부의 우두머리인 총사부로 임명했다. 부모는 아이들의 교육에 노심초사하기 마련이다. 가경제 역시 황자의 학습에 대해 걱정하고 고심하지 않을 수 없었다.

건륭제와 가경제의 훈령이나 유지를 통해 우리는 청나라 황실이 자녀에게 가르치려 한 내용과 그 과정에서 겪은 고심을 엿볼 수 있다. 그러나 상서방 사부 또한 마음이 편한 것만은 아니었다. 그들은 주어진 공무를 처리하면서 다른 한편으로 황자를 교육시키면서, 늘 황제의 특별한 관심을 받아야 했으니 그야말로 고역이 아니었겠는가.

어찌하여 경성에
난민이 출몰하는가

진짜 백련교도와 가짜 백련교도

건륭·가경 연간에는 민간 비밀종교 활동이 끊이지 않았으며, 국가의 강력한 단속에도 불구하고 이와 관련된 사건이 계속 이어졌다. 건륭제는 더 이상 사교邪敎가 제멋대로 날뛰도록 놔둘 수 없으며 철저하게 조사하여 법에 따라 처벌해야 한다고 확신했다. 그러나 여기에 무고한 이들이 연루되어서는 안 되기 때문에 반드시 신중하게 처리할 필요가 있었다. 건륭제는 "나는 난민亂民에 속한 자들에 대해 군신이 백성을 교화시키지 못했다는 점에서 부끄럽게 생각한다"라고 말하는 등 백성이 사교로 인해 혼란에 빠진 상황을 통감했다.

이제부터 백련교도에 관한 이야기를 시작으로 진실과 거짓이 섞여 있는 여러 기록을 살펴보며, 우리가 익숙하게 알던 역사 서술에서 어딘가 낯설고 신비스러운 민간 비밀종교의 세계로 시선을 옮겨보려 한다.

진짜와 가짜 - 건륭·가경 이래 백련교에 대한 공포와 상상

청의 민중은 백련교를 비롯한 민간 비밀종교의 반란을 두려워했으며, 심지어 집단적 공황장애나 비정상적 사건이 벌어지기도 했다. 사건이 발생할 때마다 여러 가지 소문이 마치 직접 경험하거나 본 일처럼 생생하게 널리 전파되었다. 가경제 시절에 성대사盛大士(자는 자리子履. 가경 5년 거인擧人이 되었다)가 편찬한 『정역기靖逆記』의 서언에 당시 천리교天理敎[1]와 관련하여 민간에 떠돌던 이야기가 적혀 있다. "갑술甲戌(가경 19년, 1814) 중춘中春(음력 2월 15일) 내가 거인이 되어 회시會試를 보기 위해 북상하여 북경으로 가던 중 산좌山左(산동성山東省의 별칭)를 지나다가 우연히 군중軍中에서 온 자를 만나 제齊와 예豫에서 일어난 전쟁에 관해 자세하게 들었다. 경순京詢과 임역林逆이 일으킨 반란에 대해서도 들은 바를 상세하게 기록하니…." 성대사는 북경으로 올라가면서 민간의 소문이나, 의론이 분분하고 인심을 흉흉하게 만드는 이야기 등을 듣고 자세히 서술했다.

　고궁박물원에 소장된 『가경조궁중당嘉慶朝宮中檔』(가경제 시절 궁중의 공문서)에도 양양襄陽과 안륙安陸 등지에서 일어난 백련교도의 반란에 대한 기록이 나온다. 이에 따르면 무뢰한이나 건달이 백련교도로 위장하고 농촌을 공격하여 주민들이 사방으로 도망쳤다고 한다. 대략 가경 원년인 1796년 여름부터 안륙 지방에서 비적들이 날뛰며 백성을 유린했다. 시골의 농민과 시장의 상인 등 백성들은

1　청 초에 창립된 백련교白蓮敎의 지파로 영화회榮華會 또는 백양교白陽敎라고 부르기도 한다. 가경 13년인 1808년에 임청林淸이 교단을 장악한 후 천리교로 개명했다. 가경 18년인 1813년, 자금성 공략을 목적으로 반란을 일으켰다.

도적이 왔다는 소리만 들어도 혼비백산하여 사방으로 도망갔다.

여러 지역의 건달이나 폭도들은 주민이 토비나 비적을 피해 도망간 틈을 타 민가의 재물을 약탈했다. 일부 건달은 토비가 약탈하고 간 곳으로 가서 자기들도 백련교도라 칭하며 재차 재물을 약탈하고 백성을 살육했다.

청조의 기록에서 '백련교'를 지칭한다고 해서 반드시 백련교도의 반란이나 불법 행위에 관한 것이라고 단정할 수는 없다. 그중에는 백련교를 사칭한 이들이 자행한 사건도 있고 무엇보다 남을 무고하기 위해 거짓으로 백련교를 언급한 경우도 있기 때문이다. 예를 들면 다음과 같다.

가경 10년인 1805년 6월 무렵 북경에서 면직된 호군護軍[2]이 채권자에게 빚 독촉을 받자 이를 모면하기 위해 채권자가 백련교를 수행한다고 무고했다. 그는 익명으로 관부에 고발하여 채권자를 감옥에 보내고 자신은 빚 독촉에서 벗어날 수 있었다. 이처럼 백련교를 사칭한 범죄 중에는 주술로 일반 백성들을 현혹한 경우도 있지만, 사교를 빙자하여 상대방을 무고한 경우도 빈번했다. 또한 지방 건달이나 토비들이 백련교도로 위장하여 향민을 공포에 떨게 하고 그들의 재물을 약취하는 일도 많았다.

2 　청의 궁성을 수비하는 팔기병八旗兵을 말한다. 만주어로 바야라bayara라고 불렀으며, 호위친병護衛親兵을 뜻한다. 궁성 수비와 호종扈從의 임무를 맡은 무관직이다.

이로 인해 마을 주민이 무리지어 타향으로 도피하는 일이 비일비재했고, 도적과 토비는 백성의 공포를 이용하여 약탈과 납치 등 온갖 악행을 저질렀다. 옛날에 진쯤나라의 악광樂廣이 사람들을 초대했는데, 한 손님이 벽에 걸린 활이 술잔에 비친 것을 보고 뱀으로 오인했다. 그는 뱀의 독을 먹었다고 걱정하다 결국 진짜 병에 걸리고 말았다. '배궁사영杯弓蛇影'이란 사자성어의 내용인데, 청조 당시 사교를 바라보던 백성의 마음이 바로 이러했다. 그들은 우매하고 무지한 데다 사교에 대한 공포심이 날로 확대되었기 때문에 때로 소문의 내용이 실제 사건보다 더욱 백성을 두렵게 만들었다.

청나라 조정이 볼 때 하는 일 없이 빈둥거리는 이들은 언제라도 도적이나 비적이 될 수 있었다. 당시 조정은 그들을 '유민遊民' 또는 '무뢰곤도無賴棍徒', 즉 무뢰한이라고 불렀다. '무뢰'나 '유민', '객민客民'이나 '붕민棚民' 같은 단어가 청조의 공문서에 기재될 때는 "단신으로 왕래하며 종적이 근거가 없다"라든지 "행적이 기이하고 비밀스러우며 오고 가는 일이 일정치 않다"라고 묘사된다. 따라서 청조 관원들은 유동인구를 탐문하면서 사교 신도들에 대한 조사나 염탐은 물론이고 일반 백성들에 대한 관리를 강화했다. 당시 조정은 지방의 유동인구에 대해 적대적인 태도를 취하면서 사방을 떠도는 행각승이나 도사, 심지어 탁발승들이 잠시 묵고 가는 사찰까지 엄격하게 관리했다.

청대의 관방은 경성 안에 있는 관립 또는 사립 사찰이나 묘당을 지속적으로 특별 관리했다. 예를 들면 『가경조외기당嘉慶朝外紀檔』의 기록을 보면 가경 4년(1799) 12월 중순 경성에서 보군통령아문步軍統領衙門[3], 순천부順天府[4], 오성어사五城御史[5]에게 특명을 내려 궁 내외 관립 또는 사립 사찰과 묘당을 조사하도록 했다. 외지에서 떠돌던 승려나 도사, 낯설고 의심스러우며 내력이 불분명한 자를 조사 탐방하는 것이 주목적이었다.

가경 6년인 1801년에도 경성 내 사찰이나 묘당에서 방을 빌려 주거나 세를 놓은 일을 금지시켰다. 사립 사찰이나 묘당은 세를 내줄 수 있었지만 공문을 통해 승려나 도사를 관리하는 것은 물론이고 세를 얻은 사람의 인적사항을 상세하게 보고하도록 명령했다. 관부는 사실에 근거하여 관련 문서를 보관해야 했다. 내력이 분명한 자들만 사찰에서 잠시 묵거나 거주할 수 있었다. 가경 18년(1813) 천리교의 난 전후로 종교와 관련된 변란이 끊이지 않았다. 이에 조정은 경성 내외의 사찰과 묘당에 대한 관리 감독을 더욱 철저히 시행했다. 경성 내 사찰과 묘당은 예부, 내무부 및 보군통령

---

3   제독구문보군순포오영통령提督九門步軍巡捕五營統領의 약칭으로 청대 경성을 지키던 방어사
     령부를 말한다.
4   명청 시대 경사에 위치한 최고 지방행정기관이다.
5   청조의 경사는 동서남북과 중앙 등 오성, 즉 다섯 개의 행정구역으로 나뉘어 있었다.

등 여러 아문에서 관리를 파견하여 수시로 조사하도록 했으며, 특히 사립 사찰이나 묘당은 보군통령아문, 순천부, 오성어사, 독리가 도아문督理街道衙門[6]에서 합동으로 관리 감독하도록 했다.

청대 북경성에서는 사찰이나 묘당, 도관道觀(도교 사원) 등에 외지인이 투숙할 수 있었다. 특히 북경을 방문한 승려나 도사는 주로 사원에서 묵었다. 당시 북경에서 외지인은 그리 드문 존재가 아니었다. 가경제 시절의 상유 문건을 살펴보면 경성으로 들어와 일하던 수부水伕[7]의 대다수는 산동에서 이주한 이들이었다. 가경 6년 (1801) 4월 11일 기록에 그들에 관한 내용이 나온다. 산동 출신 물지게꾼들은 주로 경성 서사패루西四牌樓[8] 근처의 '구천묘九天廟'에서 거주하며 생활했다. 그들은 묘당을 관리하는 도사에게 돈을 내고 빈방을 빌렸다. 그러던 어느 날 물지게꾼 몇몇이 실수로 함께 일하던 동료 임총林聰을 죽이고 말았다. 당황한 이들은 방문을 잠근 채 도주했다가 나중에 관원에게 체포되었다. 그들은 임총의 시신을 묘당 뒤편에 묻은 것으로 밝혀졌다. 이런 사건이 빈번했기 때문에 당시 조정에서 북경, 경기 일대의 사찰이나 묘당을 엄격하게

---

6 청대에 도로나 가옥 건설 및 수리 등을 담당한 관청이다.

7 물지게꾼을 비롯하여 물과 관련하여 부역하는 노무자를 말한다.

8 당시 북경성 안에는 동단東單과 서단西單, 동사東四와 서사西四 등 4개의 패루가 유명했다. 모두 지명을 딴 이름이다.

관리하고 투숙을 금지시키는 일련의 조치를 취하고 외지인에게 빈 방을 빌려주지 못하게 한 것도 이해할 수 있다. 실제로 유동인구가 많아지면 분란이나 다툼도 그만큼 많아지는 법이고, 전혀 예상하지 못한 사건이 일어나기도 한다. 청 조정은 이러한 일을 미연에 방지하고자 했던 것이다.

피륙에 저주를 걸어 타인을 음해한 사건
- 사교에 대한 공포와 상상

조정이 사교로 인한 혼란과 유동인구의 증가로 인한 범죄를 적극적으로 차단, 처리하려고 했음에도 불구하고 관방과 민간에 만연한 공포는 수그러들지 않았다. 공포로 인한 공황으로 사교에 대한 유언비어가 광범위하게 퍼졌다. 외성대신外省大臣의 상주를 채록한 『외기당外紀檔』에는 이와 관련된 문서가 적지 않다.

가경 22년(1817) 직례 하간부河間府 오교현吳橋縣에 사는 임충任忠이 백련교를 고발했다. 임충의 공사供詞에 따르면, 임씨 집안은 본래 오교현에 살면서 피륙을 짜는 일을 업으로 삼았다. 그런데 친척 가운데 족숙族叔, 족질族姪, 족손族孫[9], 포제胞弟(친동생) 등이 비밀종교의 우두머리인 양팔도楊八道를 스승으로 삼아 향을 사르고 주술을 외우거나 폭죽을 터뜨리는 등 사교 활동을 지속했다. 그들은 석회를 섞은 물로 피륙을 세탁하여 풀을 먹인 다음 방망이로 두들겨 짓이기는 등 피륙에 요사스러운 술법을 행하여 타인을 저주했다. 임충은 공사에 "만약 누군가 사교의 저주를 담은 피륙을 사용할 경우 이로 인해 그 집안 식구들이 병에 걸린다"고 적었다.

임충은 친족을 고발하기 전인 가경 21년 12월 19일에 외숙과 부인의 지속적인 핍박에 어쩔 수 없이 저주를 건 피륙을 인근 동광현 시장에서 고高씨네 신발가게에 팔았는데, 결국 그 집안에서 한 사람이 죽는 불상사가 일어났다. 임충은 인명사고가 났다는 소식을 듣고 차마 집으로 돌아갈 수 없었다. 이후 1년 동안 임충의 아들과 두 조카, 그리고 조카사위까지 연이어 세상을 뜨는 일이 벌어졌다. 이로 인해 더욱 두려움을 느낀 임충은 집안의 변고가 누군가가 저주를 퍼부었기 때문이라고 생각했다. 그는 친척들이 따르는 종교가 바로 백련교라고 믿었다. 만약 그들이 백련교를 신봉하고 있다는 사실이 관부에 발각될 경우 임충 자신도 연좌되어 죄를 면할 수 없었다. 그렇기 때문에 가경 22년 11월 21일 임충은 자신이 직접 북경으로 올라가 이 일을 고발하기로 결심했다. 11월 28일 임충은 정양문正陽門으로 들어가려다 검문에 걸려 체포되었다.

---

9   족숙, 족질, 족손은 각각 성과 본이 같은 사람들 가운데 유복친 안에 들지 않는 아저씨뻘 되
     는 이, 조카뻘 되는 이, 손자뻘 되는 이를 말한다.

이 사건에서 특히 유의할 점은 그가 관부에 고발한 백련교도가 낯모르는 이들이 아니라 자신의 집안사람이자 마을의 이웃이라는 사실이다. 그는 자신의 친아들은 물론이고 조카와 조카사위, 그리고 장사를 하며 오갔던 이들이 사교의 저주에 죽임을 당했다고 믿었다. 그가 공사에서 언급한 사술邪術이란 것도 희귀한 것이 아니라 그가 일상적으로 팔고 사는 피륙이었다. 뿐만 아니라 향을 사르거나 주술을 외우고, 석회로 피륙을 씻거나 풀을 먹이고 무두질을 하는 일은 임충도 평소에 흔히 하던 일이었다. 그렇지만 이 모든 행위가 백련교도에 대한 고발장을 빼꼭하게 채웠다. 이로 보건대 사교에 대한 공포와 불안이 이미 향촌 곳곳에 만연하여 일상생활에까지 영향을 미쳤음을 알 수 있다. 임충의 고발 사건이 후일 관원이 작성한 결론처럼 임충이 실성하여 제멋대로 날조한 것일지라도 이와 유사한 사례가 한둘이 아니었음은 부인할 수 없다. 앞서 말한『외기당』에 관방이나 민간에서 벌어진 사건 가운데에 전설이나 소문과 다를 바 없는 기록이 다수 나오는 것을 보면 그저 상상만이 아닌 현실에서 백련교에 대한 불안과 공포가 상당했음을 알 수 있다.

가경 연간의 '익명계첩'을 이용한 사교 전수 고발

『외기당』에 채록된 또 하나의 사교 고발 사건은 익명계첩匿名揭帖(익명의 낙서나 벽보)과 관련이 있다. 원래 '계첩'은 감찰 관리가 불법을 저지른 관리를 고발하는 문서라는 뜻이었으나, 이후 벽에 붙이는 포고문이나 통지문을 가리키는 말로 사용되었다. 익명첩자匿名帖子라고 부르기도 하는데, 익명으로 엄중한 범죄 사실이나 사건을 고발하는 것이다. 청조 시절의 익명계첩에는 사교나 모반 사건을 고발하는 내용이 많았다.

익명계첩은 주로 사람이 많이 왕래하는 시장이나 종루鐘樓, 고루鼓樓 등에 나붙었다. 가경 22년(1817) 12월쯤에도 익명계첩으로 사교를 고발하는 사건이 일어났다. 직례 창주滄州 사람 유종원劉宗元이 장옥괴張玉魁에게 빌려준 돈을 재촉하다가 장씨의 원망을 사게 되었다. 장씨는 자신과 마찬가지로 유씨에게 빚을 진 왕정륜王廷倫을 사주하여 하남부河南府로 가서 유씨를 고발하도록 하는 한편 일반인 왕야정王野亭 등과 결탁하여 소송을 벌였다. 결국 유종원은 입건되었다. 관부는 장씨를 조사하면서 그가 관부의 자금을 유용하여 은량을 미리 징수했다는 사실을 확인했지만 장씨가 문지기와 결탁하는 바람에 오히려 유종원이 감옥에 갇히고 말았다. 익명계첩을 통해 유종원을 사교와 연관시킨 경위는 다음과 같다. 병에 걸린 유종원은 당제인 유승관劉升官을 불러 뒷바라지를 부탁했다. 그런데 유승관과 고씨 선비가 함께 외출한 뒤 집으로 돌아오지 않자 실종 신고를 했는데, 이후 종루에 유승관을 고발하는 익명게첩이 등장했다. 내용은 "행동거지가 의심스러워 사교와 연계되었을 가능성이 농후하다"는 것이었다.

유종원 집안의 일꾼인 후문정侯文政의 자백에 따르면, 그해 11월 15일에 누군가가 종루에 익명첩을 붙였다. 익명첩에는 "창주 사람 유승관은 용모가 흉악하고 행적이 의심스러우며, 더욱이 창주 호구 문패門牌에서 그와 관련된 기록을 찾을 수 없다"고 적혀 있었다. 공소에 나오는 '행적이 의심스럽다'는 설명은 유승관이 북경과 통주를 오가며 생활했기 때문이다. 통주는 현재 북경시에 편입되었을 정도로 북경 가까이에 있었다. 북경과 통주 사이를 오갔다고 하여 행적을 의심하는 것은 오늘날의 상식으로는 이해가 되지 않는다. 하지만 청대 사회에서는 지역 이동 자체가 타인의 주목을 끄는 사건이었다. 이 사건은 청조 조정이 백성의 이동이나 거주지 이전 등을 의심하고 관리했다는 사실을 반증한다.

익명게첩에 따르면 "(유종원의) 행적을 보건대 부유할 때도 있고 가난할 때도 있으며, 신사紳士처럼 보일 때도 있고 떠돌이 비적匪賊처럼 보일 때도 있어, 정직한 자인지 간악한 자인지 의심이 들지 않을 수 없다. 또한 그는 유승관의 종적을 볼 수 없다는 등의 말을 했다."

여기서 우리는 당시의 공포를 엿볼 수 있다. 기록은 본래 접근해서는 안 되고 형제라 일컬을 수도 없는 두 사람이 서로 왕래하고 교류하는 것이 심히 의심스러우며 비밀종교를 섬기는 신도일 가능성이 있다고 말하고 있다. 이렇듯 사교에 대한 공포가 일상생활에까지 퍼지면서 식사를 하면서 손가락으로 술을 가리키는 작은 동작조차 비밀종교의 의식으로 의심을 받을 정도였다. 사건 경위를 통해서도 흥미로운 점을 엿볼 수 있다. 유종원 사건은 금전과 관련된 분규로 인한 무고였을 뿐이다. 하지만 해당 고발 사건에서 보다 주목할 점은 사법 관리의 반응이다. 재물을 상납하여 관직을 얻은 말단 관원부터 지방 관부는 물론이고 직예 번사藩司(포정사布政司의 별칭)와 총독總督 부서까지 모두 '사교'를 염두한 채로 이 사건에 임했다. 사교가 논쟁의 중심이 된 이유는 단순히 공포 때문만이 아니라 법률 소송 과정에서 상대를 공격하는 무기이자 기술, 수단이 되었기 때문이다. 사교는 소송을 일으키는 데 유효할뿐더러 남을 무고하여 사익을 챙기는 일에 이용되었다.

익명게첩을 통한 사교 고발 사건

유종원 집안의 고용인인 후문정이 자백한 진술 내용은 다음과 같다.
"올해 10월 유종원이 총독에게 고소장을 제출했습니다. 병이 걸려 사
촌동생인 유승관에게 뒷바라지를 부탁했는데, 나중에 성이 고씨인 사
람과 출타하여 돌아오지 않았습니다. 유종원이 성 안을 뒤지다가 11월
15일에 종루 근처에 익명첩이 붙어 있는 것을 보았습니다. 거기에는
이렇게 적혀 있었습니다. '유승관은 모양새가 흉악하고 행동거지가 의
심스러운데 창주 사람이라 한다. 창주의 문패와 호책戶册을 자세히 살
펴보았지만 그런 사람이 없었고, 때로 북경에 나타나기도 하고 통주에
서 보이기도 했다. 또한 그가 술을 마실 때면 탁자에 앉아 먼저 손으
로 술을 지목했으며, 먼저 제祭를 지낸 후에 마셨으니 사교와 많이 흡
사하다. 그를 따라 보정부保定府에 갔을 때 그가 누군가와 호형호제하
는 것을 보았다. 그 사람을 방문한 이가 창주 유종원인데, 그와 사촌형
제로서 행적을 보건대 부유할 때도 있고 가난할 때도 있으며, 신사처
럼 보일 때도 있고, 떠돌이 비적처럼 보일 때도 있었다. 정직한 자인지
간악한 자인지 의심이 들지 않을 수 없는데 유승관의 종적을 볼 수 없
다는 등의 말을 했다.' 유종원은 관심루串心樓 등에서 홍첩紅帖과 전
첩前帖의 내용이 서로 비슷한 것을 보고 익명첩을 떼어 보관했습니다.
같은 달 28일 저를 보정부로 불러 탄원서 한 장을 주었습니다."
대만 국립고궁박물원 소장, 『가경조외기당』, 가경 22년 12월 책, 초6
일, 54~55쪽.

제4장

꿈에 신령이 나타나
세상을 구하라 하였습니다

여우 귀신과 여우 꼬리

여인, 미치광이, 호선 - 꿈과 현실이 교차하는 북경의 민간 신앙

청조 궁정의 문서는 특히 국가의 안정을 도모하고 통제를 강화하는 문제를 논의할 때 주목할 가치가 있는 자료이다. 북경성의 질서와 안정을 유지, 관리하는 중요 기관인 보군통령아문의 문서가 그러하다. 그 가운데 『군기처당軍機處檔·월접포月摺包』[1]를 보면, 경성의 민간 비밀종교와 의료 행위에 대한 통제와 관리 및 처리 방식에 관한 자료를 찾을 수 있다. 보군통령아문은 황제가 머무는 경성의 안정을 유지하고 관리하는 부서로 국가의 질서를 상징하는 특별한 지표指標이다. 이를 통해 우리는 당시 경성에서 발생한 각종 비밀종교 사건을 살펴볼 수 있다.

북경성은 권력의 핵심부가 자리하고 있다는 특수한 정치적 지위로 말미암아 시시때때로 발생하는 크고 작은 사건이 뜻밖에도 엄청난 영향력을 발휘하거나 상당한 파급 효과를 일으키기도 한다. 다시 말해 사소하고 단순한 사건이 오히려 정치권력의 중심부

---

1 청 황제는 관원들이 상주한 내용을 독단적으로 판단하지 않고 먼저 군기대신들을 불러 논의하거나 별도로 심의토록 했다. 군기대신들이 논의한 주접奏摺은 모두 초록하여 부본副本을 만들어 보존했는데, 이를 '군기처주접녹부軍機處奏摺錄副'라고 한다. 주접 문건을 달마다 한데 묶어 보존했기 때문에 '월접포'라고 불렀다. 월접포에는 주접 부본 외에도 각종 부록이 수록되었다. 예를 들어 강수량 목록, 지도, 하공도河工圖, 공단供單, 자정咨呈, 자회咨會, 유지諭旨, 게첩, 조회朝會 등 각종 관방 문서가 모두 여기에 포함된다.

에 영향을 끼쳐 큰 동요를 일으키거나 커다란 반향을 불러올 때가 적지 않다는 뜻이다.

이제 북경 조양문朝陽門 인근에서 발생한 호선狐仙[2] 사건의 자세한 내막과 결말을 통해 당시 북경성에 거주하던 서민들의 신앙생활 속으로 천천히 들어가보자.

호선, 즉 여우 귀신은 주로 화북華北 지방에서 흔히 볼 수 있는 민간 신앙 가운데 하나이다. 그러나 경성에서 호선 사건이 발생할 경우 사람들의 이목이 집중될 뿐만 아니라 관원 역시 자세한 탐문 수사를 통해 비교적 상세한 기록을 남겼다. 호선 숭배는 주로 여성 위주의 민간 의료와 관련이 깊다. 가경 22년(1817) 6월 24일 북경 조양문 밖 왕가원王家園에서 발생한 회민回民(회족 또는 회교도) 여성 왕주王周의 호선 사건은 그중에서도 특이한 예라고 할 수 있다. 문헌에는 "보군통령이 왕씨가 신선에게 제물을 바치고 병을 치유하게 된 연유를 탐문하여 체포했다"고 기록되어 있다.

'신선에게 제물을 바치고 병을 치유했다供仙治病'는 말은 호선에게 제물을 바쳐 병을 치유했다는 뜻이다. "제 어머니는 마구교馬駒橋에 거주하십니다. 저는 15세 무렵에 풍병瘋病(지금의 정신병)에 걸렸는데, 꿈속에 대략 예순쯤 되는 부인이 쪽빛 비단적삼에 붉은 소

---

2   사람이나 신선으로 변한 여우, 즉 여우 귀신이란 뜻이다.

매를 비스듬히 걸치고 나타나 자신을 호고고胡姑姑(호 마님)라고 하면서 병을 낫게 해주겠다고 말했습니다. 그러고는 저에게 자신의 이름을 걸고 사람들의 병을 치료하라고 말했습니다." 여기서 '호고고'는 호선고고狐仙姑姑이다. 이후 왕주는 조양문 일대에서 사람들을 치료하며 생활했다.

당시 조양문에는 항주杭州에서 북경을 잇는 대운하 경항운하京杭運河의 부두가 있어서 북경의 양문糧門(양식을 운송하는 관문) 역할을 했다. 운하를 통해 강남에서 운송된 양식을 이곳에서 하역하고 검사를 거친 후 창고에 보관했다. 사방에서 곡물이 모이는 곳이긴 했으나 주민들의 삶이 풍족하지는 않았다. 당시에는 왕주처럼 호선을 빙자하여 부녀자와 어린아이의 소화불량 같은 질병을 치료하는 것으로 생계를 유지하는 이가 적지 않았다. 이 사건에서 흥미로운 점은 호선에게 봉양하는 제수가 주로 소주燒酒나 계란 등이었다는 것이다. 대만의 민간 신앙 가운데 호야虎爺(호랑이 신)를 모시는 제사와 유사하다. 대만에서 어린아이를 보호하는 신은 주로 동물적 특징을 지니고 있으며, 그들에게 특별한 제수를 올려 제사를 지낸다. 우리는 이를 통해 민간의 종교신앙에 동물신에 대한 특별한 개념이 존재한다는 사실을 확인할 수 있다. 비교적 지위가 낮은 신명(동물신)에게 공물을 바쳐 각별한 돌봄을 요청한 것은 힘든 삶 속에서 신의 가호를 비는 행위이자 자신의 소망과 이익을 위해 작은 정성을 바친 일이라고 할 수 있다.

앞의 사건에서 꿈에 환영으로 나타난 호고고와 왕주는 서로 합일된 형태로, 일종의 권력 정체성을 갖게 되었다. 호선이라는 이미지를 통해 왕주는 왕가원이라는 집성촌에서 인정을 받을 수 있었던 것이다. 동시에 왕주에게 정신병자라는 이미지가 덧붙으면서 호고고에 대한 환상이 강화되었고, 나아가 왕씨가 치료한 정신병자와 주술에 참여한 승려나 도사들이 모두 지역 사회의 변두리로 퍼져나가 의료 행위를 통한 일종의 구제 사업을 벌였다.

문건에는 수많은 주변인이 등장하는데, 곡물을 운반하는 우륙于六, 정신병 환자, 왕주, 길거리 승려인 하경夏慶 등은 모두 민간 종교 및 의료 행위를 통해 인적 관계를 쌓았다. 인적 네트워크가 점차 긴밀하게 연결되어 미치광이의 언어나 주변인의 삶, 그리고 민간의 신비한 종교신앙이 하나의 문화로 자리 잡으면서 점차 조정이 소홀히 다룰 수 없는 사회현상이 되었다.

민간의 종교가 대두하면서 북경성의 질서 유지를 책임지는 청조의 관방은 강력한 압박을 받았다. 거기에 가경 연간에는 천리교 신도들이 자금성을 공격하는 사건까지 벌어졌다. 더 이상 청조 관원들에게 사술邪術의 진위 여부는 중요한 문제가 아니었다. 오히려 그들이 주목하고 관심을 가진 것은 사교도가 군체群體, 즉 더욱 확장될지도 모르는 사회 집단이라는 점이었다. 가경 시기에 국가의

통제력은 사회 질서를 파괴할 가능성이 농후한 집단에 다양한 조
치를 취해 그들의 확장을 저지하는 쪽으로 집중되었다.

호선과 형대-경성에 발생한 여장남자 사건

『요재지이聊齋志異』(청나라 초기에 나온 문어체의 괴이 소설집)에 나오
는 이야기처럼 민간 신앙에 흔히 등장하는 호선은 깊은 숲속에만
살지 않았다. 그들도 먹고 살기 위해 일거리를 찾아야 했다. 보통
사람처럼 경성에 와서 막일을 하며 겨우 입에 풀칠을 하기도 했다.
북경성의 호선, 예를 들어 앞서 말한 왕주는 물론이고 지금 살펴볼
형대邢大의 이야기에도 당시 민간에 널리 퍼져 있던 관념이 그대
로 반영되어 있다. 백성들에게 무당은 일종의 마음속 나침반이며,
심령술사나 다를 바 없었다. 하지만 모든 일에는 좋은 점이 있으면
나쁜 점도 있는 법이다. 호선은 백성에게 치유와 보호의 역할을 했
지만 구문제독九門提督[3]이나 보군통령아문의 관군은 그들로 인해
정신없이 바빴다. 병사들은 경성을 순시하면서 행적이 기이하거나
신선이나 도인처럼 보이는 자들, 또는 승려나 비구니가 아닌데 강

---

3   경성의 정양正陽, 숭문崇文, 선무宣武, 안정安定, 덕승德勝, 동직東直, 서직西直, 조양朝陽, 추성
    阜城 등 대문 아홉 곳을 수비하는 보군통령의 별칭이다.

호를 떠도는 이들을 검문 검색하여 상부에 보고했다.

건륭제는 『사고전서四庫全書』를 편찬하면서 정치적으로 민감한 문자에 대한 검열을 강화했다. 그는 금지한 문자를 사용한 경우 상당히 예민한 반응을 보였다. 또한 이로 인해 적지 않은 사술 소송 사건이 벌어지기도 했다. 당시 민간 비밀종교와 관련된 사건의 진술을 살펴보면, 역모를 도모하거나 반역을 꾀했다는 내용을 쉽게 찾을 수 있다. 그 내용은 주로 "백련강세白蓮降世, 미륵중생彌勒重生" 등 백련교와 관련된 어휘나 문장, 주문이나 주술, 그리고 호선이 강림한 무당이 내뱉는 황당한 이야기 등이다. 건륭제를 이어 제위에 오른 가경제는 가경 18년(1813) 천리교도가 자금성에 난입하는 황당한 일을 겪었던 터라 특히 비밀종교에 민감했다. 북경성에서는 불법으로 사술을 행하는 법술사를 체포하는 일이 끊임없이 일어났다. 지금부터 이야기하려는 호선 사건 역시 가경 연간에 북경성에서 발생한 일로, 사람들을 위해 향불을 사르며 병을 치료하던 34세의 여장남자 형대邢大와 관련이 있다. 예전에는 대만의 대북臺北 기차역 앞에 사람들의 관상을 봐주는 관서모골關西摸骨[4]이 많이 있었는데, 형대의 생활도 이와 유사했다. 그는 고향인 통주通州에서 사람들을 위해 향을 사르고 그것으로 점을 치고 병을 고쳐주며

---

4   서흥걸徐興傑이란 인물로 주로 골상을 통해 운명을 점쳤다고 한다. 하지만 여기서는 관상가를 통칭한다.

생계를 유지했다. 통주는 청대 경성의 대문이라고 할 수 있는데, 남북으로 오가는 객상들이 몰려들어 번화하고 흥청거리던 곳이다. 8세에 부친을 잃은 형대는 모친과 함께 하북 임구현任邱縣을 떠나 북경으로 상경했다. 그의 성별과 신분이 뒤바뀌게 된 것도 바로 이 때다.

11세 때 형대의 모친마저 병으로 세상을 떠나자 형대는 홍대洪大라는 사람의 소개로 북경성 동직문 부근의 구둣가게에서 일하게 되었다. 불행하게도 그는 동료인 이사李四에게 계간鷄姦(비역, 즉 남성 간의 성교)을 당하고, 이후 그의 삶은 뭇 남성의 노리개로 전락하고 말았다.

형대는 불행한 인생 가운데 본래의 성정체성을 잃어버렸다. 나중에 형대는 홍대의 집으로 들어가게 되었는데, 그는 죽을 때까지 홍대를 모시는 대신 생계를 의탁하기로 했다. 형대가 18세가 되자, 홍대는 그의 용모가 여자처럼 예쁘장하니 머리를 기르고 여장을 하라고 시켰다. 그렇게 해야 주변의 눈을 속이고 형대를 자신의 첩실로 받아들일 수 있고 혹여 사단이 일어나는 것을 방지할 수 있었기 때문이다. 이후 형대는 집안에서 여장을 한 채 생활하며 바느질 등 가사를 배우기 시작했다. 처음에는 그런대로 원만한 생활을 영위할 수 있었다. 하지만 홍대는 가경 7년(1802)에 객혈을 한 후 병석에 누우면서 더 이상 형대를 부양할 수 없게 되었다. 그는 장이張

二라는 사람과 짜고 형대를 다른 사람에게 시집보내기로 했다. 이로 인해 형대의 운명이 또 한 번 크게 뒤틀리고 말았다.

홍대는 형대를 과부로 속여 유육劉六에게 시집을 보내면서 은전 25조吊(화폐 단위)를 챙겼다. 신혼 초기에 형대는 온갖 방법을 꾸며 자신이 남자라는 사실을 숨길 수 있었다. 진술서에 따르면, 형대는 평소 여자 옷을 입고 화장을 한 채 지내면서 점차 몸매나 목소리까지 여성스러워졌다고 한다. 하지만 결국 유육은 그가 남자라는 사실을 알게 되었다. 이 이야기의 주인공은 리안李安 감독의 영화 〈희연喜宴〉(한국에서는 '결혼 피로연'이라는 제목으로 개봉했다)의 주인공처럼 행복한 결말을 맞을 수 없었다. 형대는 유육에게 손이 발이 되도록 빌고 또 빌었으며, 평생토록 유육을 받들어 모시겠다고 했다. 아울러 자신이 향을 피워 연기를 보고 점을 치면서 질병을 치료할 수 있으니 그것으로 생활에 보탬이 되겠노라고 말했다. 그리하여 전혀 어울리지 않는 두 사람이 동거를 지속하게 되었다.

보군통령아문의 관원이 기록한 문서에는 형대가 유육을 유혹하여 두 사람이 "매일 밤마다 비역질을 했으며 하루도 떨어져 있는 날이 없었다"고 나온다. 아마도 평범하지 않은 부부 생활을 평범한 관원은 도저히 이해할 수 없었던 모양이다.

형대는 유육을 기쁘게 하기 위해 자신의 몸에 호선이 붙어서 향의 연기를 보고 점을 치고 병을 낫게 할 수 있다고 소문을 냈다. 그

말을 듣고 사람들이 몰려들었다. 하지만 형대의 시부모는 며느리가 이상한 그림을 그려놓고 제사를 지내며 호선의 이름을 빌려 사람들의 병을 치료하겠다고 나서자 불안한 마음을 금할 수 없었다. 형대는 실성한 듯 미친 소리를 해서 시부모를 놀라게 했다. 이후 형대와 유육은 집에서 나와 손하孫河 일대에 자리를 잡았다. 형대는 향을 피워 환자의 머리맡에 돌리면서 생강이나 연뿌리, 백탕白糖으로 약을 지어 팔았다. 비록 평범하지는 않지만 두 사람은 안정된 삶을 유지할 수 있었다. 이후 현지 관리의 탐문조사 끝에 관아에 끌려가면서 16년에 걸친 그의 여장 생활도 끝이 나고 말았다.

형대의 일생은 남자에서 여자로, 사람에서 호선 요괴로 뒤바뀌는 기이한 역할극의 연속이 아닐 수 없다. 그를 과연 동성애자로 봐야 하는지 학술적으로 확인할 방법은 없다. 하지만 나는 형대가 자신의 생활과 가정을 진정으로 아끼고 사랑했으며 진실하고 뜨겁게 살았으리라 믿고 싶다.

상대적으로 가소로운 일은 그의 죄를 물어 처리한 아문 관리들의 행태이다. 보군통령아문은 남자가 여장을 한 것을 법률적으로 다스릴 조항이 없다고 판단했다. 결국 아문은 형대가 무당으로 사악한 귀신이 강림했다고 백성들을 현혹시킨 죄를 엄히 물어 교수형에 처했다. 형대의 일화는 분명한 사실이지만 다른 세상의 일인 것 같은 상상을 불러일으킨다. 하지만 이것은 옛날 북경성에서 발생한 무수히 많은 평범한 이야기 가운데 하나이다. 단지 한 인간이 감당해야 했던 운명의 장난을 바라보며 어찌할 수 없는 탄식을 자아낼 뿐이다.

여우 꼬리 숭배 – 국가 질서와 민간 신앙의 충돌

청조 민간 비밀종교의 특징을 논할 때 공문을 통해 알 수 있는 것은 단지 교파 신도들의 삶과 주변 관계만이 아니다. 거기에는 민간 비밀종교에서 의식을 행할 때 사용하는 도구에 관한 상세한 묘사가 적지 않으며, 심지어 관방이 특정한 의식에서 사용되는 법기나 도구에 주목했음을 보여주는 사례도 다수 포함되어 있다.

예를 들어 가경 연간에 직례 악정현樂亭縣에 사는 이방李芳이 고발한 사교 청정무위교淸靜無爲敎의 경우가 그러하다. 청조 관방은 해당 사건에서 종교의식에 사용하던 도구 가운데 하나인 '여우 꼬리'에 특별히 주목했을 뿐만 아니라 그것을 관부가 주시해야 하는 중요 사찰 목록에 포함시키기도 했다. 이방의 진술을 통해 우리는 여우 꼬리가 청정무위교의 지도자인 낭문봉郞文鋒이 평소 신도를 동원하거나 호령할 때 사용한 신물이라는 사실을 알 수 있다. 그것을 낭문봉이 사망한 후 그의 아내가 거두어 숨겨놓았다. 이는 여우 꼬리가 단순히 교주를 상징하는 신물만이 아니라 일종의 권력 승계를 상징하는 것이었기 때문이다.

악정현 신립장新立莊에서 사람들에게 점을 쳐주며 서화를 판매하던 이방이 전해 들은 이야기는 다음과 같다. "올해 6월 26일 낙현灤縣 석불구石佛口에서 사교 왕도王度, 왕전괴王殿魁 등이 이미 행하고 있다는 소식을 들었다. 교비教匪[5]의 두목으로 이미 사망한 낭문봉의 동생 낭문옥郎文玉은 처벌을 받았다. 낭문봉의 아들 낭득복郎得福은 현재 집에 있으며 아직 심문을 받지 않았다." 그는 이 이야기를 듣고 문득 여우 꼬리가 생각났다. 알아보니 그 물건은 여전히 어딘가에 숨겨져 있었다. 이방은 낭문봉의 아들 낭득복이 여우 꼬리를 손에 넣게 된다면 틀림없이 말썽을 일으킬 것이라 여기고 석불구의 상점에 투숙하면서 사방으로 정보를 수집했다. 이방은 낭문봉을 잘 아는 온성은溫聖恩과 악현의 위역衛役(병참의 노무자)인 왕응지王應之 등에게 사실을 확인한 다음 사건을 관부에 고발했다.

고발장을 통해 우리는 여우 꼬리가 청정무위교의 종교적 권위를 나타내는 상징물임을 알 수 있다. 이 사건에서 특기할 부분은 사건을 고발한 사람이 관원이나 지보地保[6]가 아니라 민간 비밀종교의 신도라는 점이다. 이방이 고발한 이유도 괴이하다. 그가 공술한

---

5   청조에 반란을 일으킨 종교단체를 멸시하여 일컫는 말이다.

내용에 따르면 여우 꼬리가 나중에 나쁜 짓을 저지르거나 역모를 꾀할까 두렵다고 했다. 이는 민간 종교의 걸출한 지도자가 사회 질서에 영향을 주고 심지어 백성을 동원하여 민란을 일으킬 수 있다는 암시를 담고 있다.

이 사건은 청조 관방과 민간 사회 집단의 상호작용을 반영하는 실례이다. 이를 통해서 우리는 국가가 무당이나 사술을 금지하고 우매한 백성의 미신 숭배를 막았다는 설명을 넘어, 가경·건륭 연간에 농촌의 사회 집단이 민간의 비밀종교와 결합하면서 공상적인 대응 관계가 출현하고, 두 집단이 서로 영향을 미치고 견인하면서 더욱 풍부하고 다양한 형태의 신앙 세계를 교직하였음을 알 수 있다.

민간 비밀종교를 숭배하고 전수하는 광범위한 신도를 모두 사리를 분간하지 못하는 우매한 하층민으로 치부할 수는 없다. 그들이 국가의 질서에 언제나 대립각을 세운 것도 아니다. 게다가 민간 신앙은 내용이나 형식 면에서 다종다양하기 때문에 일률적으로 모든 교파와 교의를 설명할 수도 없다. 일반 백성이나 교도들에게 민간 비밀종교의 남녀 교주는 각양각색의 사회 활동과 의견을 대변하는 지도자였다. 그들은 때로 향리의 백성을 치료하는 의사 역할을 맡았으며, 때로 심리상담가로 변하여 아무 곳에서도 도움을 받

---

6   청조와 중화민국 초기에 마을의 치안을 담당한 이를 일컫는 말이다.

을 수 없는 이들에게 종교적 지지와 구원을 제공했다. 민간 비밀종교가 지역 사회에서 맡은 역할의 다양화는 이미 여러 사료를 통해 증명된 사실이다. 비밀종교의 신비적인 외표를 벗겨보면 사회에서 천대받고 아무런 도움도 얻지 못하던 하층민을 만나게 된다. 황제의 눈앞에서 벌어진 민간의 비밀종교 활동은 결코 반란이나 역모를 도모하는 게 목적이 아니었다. 오히려 그것은 개인의 힘으로는 해결할 수 없는 일상생활의 곤란, 질곡과 비애로 점철되어 있다.

이상의 측면에서 살펴본다면, 관방의 문서에 나오는 사교 신도는 단순히 중앙에 반기를 든 반역자가 아니라 전근대 농업 사회에서 의료 행위를 하거나 질서 유지를 도모했던 자들, 그리고 지방의 지도자들이라고 말할 수 있다. 우리는 역사에 존재했던 소리 없는 민중의 존재를 끊임없이 찾아내고 이해하며, 그들의 말에 귀를 기울여야 한다.

금성을 범한 자를
엄히 처벌하라

요란한 궁문 앞 풍경

다양한 사람이 드나든 황궁의 금문

자금성을 떠올리면 무장한 병사들이 밤낮으로 궁문을 지키는 정치의 중추中樞가 연상된다. 연극이나 영화에서는 청조의 자금성을 시위侍衛들이 물샐 틈 없이 경비하고 용무가 없거나 신분이 낮으면 들어갈 수 없는 금단의 구역으로 묘사한다. 하지만 그런 인상은 당대의 사실을 단편적으로 이해한 결과이다. 청조의 문서를 정리하고 연구하면서 나는 궁전 금문에서 또 다른 광경을 발견할 수 있었다.

자금성은 넓고 그 안에 수많은 건물이 들어서 있기 때문에 시시때때로 수선이나 정리가 필요할뿐더러, 일상생활에 필요한 의복이나 음식 등을 제공받아야 했다. 이를 위해 수많은 인적, 물적 지원이 필요했고, 그만큼 각종 문제가 일어나지 않을 수 없었다. 관리들 또한 재량권을 위임받아 형편에 따라 일을 적절히 처리해야 하는 경우가 많았기 때문에 이로 인해 발생하는 문제도 적지 않았다. 때로 궁궐 안에 인력이 부족하여 외부에서 사람을 데려와 쓰기도 했다. 심지어 궁인이 궁 밖에서 고리대를 빌려 쓰고 갚지 않자 채권자가 빚을 독촉하기 위해 궁궐 앞까지 찾아온 경우도 있었다. 요컨대 갖가지 기이한 일이 절대로 일어나지 않았을 것 같은 곳에서 반복해서 일어났다는 뜻이다. 황제라고 할지라도 모든 궁인을 완벽하게 관리하고 장악할 방법은 없다. 일상생활에 필요한 각종 물자를 구매하고 필요한 물품을 자체 제작하거나 수선하는 등 잡다한 일들이 궁인들의 손에서 이루어졌기 때문이다.

청조 법률은 무단으로 금성禁城(궁궐, 여기서는 자금성)에 출입할 수 없다고 엄격하게 규정하고 있다. "자금성에 무단으로 들어오면 장 100대에 처하며 1개월 동안 칼을 씌우고 조리를 돌린다." 하지만 실제로 규칙을 어기고 궁에 무단 출입하는 일이 빈번하게 벌어졌다.

자금성에 잘못 들어가다 - 출입 관리의 문제

자금성에 출입하기 위해서는 반드시 믿을 수 있는 요패腰牌가 있어야 했다. 하지만 요패를 분실하는 경우도 심심치 않게 발생했다. 건륭 45년(1780) 3월 초아흐레 한본당漢本堂[1]의 조역皂役(하급 관노, 노복)이 요패를 잃어버려 특별히 상주하는 일이 벌어졌다. 한본당에 소속된 관노 주량周亮은 주로 공문서를 필사하는 일을 처리했는데, 사무가 바쁘다보니 정신없이 오가는 길에 그만 궁궐을 출입할

1　청조의 관서이다. 주로 만주어를 한어로 번역하는 업무를 보았으며, 내각에 속했다. 한본방漢本房이라고도 부른다.

때 사용하는 요패를 잃어버리고 말았다. 며칠 동안 사방을 돌아다녔지만 요패를 찾을 수 없었다. 사고를 접수한 한본당의 책임 관원은 신중을 기하기 위해 주량을 심문하여 자세한 경위를 조사한 후 요패를 성 밖에서 잃어버린 것으로 결론지었다. 이후 주량은 법률에 따라 중벌에 처해졌다. 여기서 알 수 있다시피 요패를 궁 밖에서 잃어버렸을 경우 당사자가 직접 찾아다녀야 하는 것은 물론이고 엄중한 처벌이 뒤따랐다.

가경 8년(1803) 3월 사천 지방의 도어사都御史 비석장費錫章이 자금성 궁궐 관리의 엄중성에 대해 상소문을 올렸다. 그는 요패를 증설함과 동시에 출입을 엄격하게 관리해야 한다고 상소했다.

자금성의 사방 호위는 삼엄해야 하고 마땅히 질서정연하게 이루어져야 합니다. 그러나 수레꾼이나 마부, 장인 등이 임의로 왕래하면서 추호도 거리끼는 바 없이 마음대로 출입하니 삼엄하고 조용한 길이 아닙니다. 청하옵건대 요패를 증설하시어 출입을 엄격하게 단속하고 출입자를 조사하는 데 도움이 될 수 있기를 바라 마지않습니다.

우리는 이 상주문을 통해서 자금성에 가마꾼이나 장인 등이 수시로 출입했음을 알 수 있다. 당시 자금성에 역대 역사를 편찬, 보완하는 '국사관國史館'을 두었는데, 사서를 편찬하고 증보하는 작업을 위해 적지 않은 서수書手(일종의 필경사), 지장紙匠(종이 제작 장인) 등이 관내에서 일했다. 민간의 장인이 자금성에 출입하려면 반드시 요패를 휴대하여 검사를 받아야 했다.

가경 연간에도 자금성을 경비하는 관병이 사사롭게 요패를 남에게 빌려주는 사건이 일어났다. 또한 임상문林爽文이란 자의 자식이 궁정의 선단饍單을 휴대하고 궁 밖으로 나가는 사건이 벌어지기도 했다. 사안에 연루된 임상문의 두 아들 임표林表와 임현林顯은 임상문이 처벌된 후 거세하고 입궁하여 태감이 되었다. 그들은 임직한 지 몇 년 후 대만에 있는 친구와 짜고 황궁의 문서를 무단으로 반출하여 대만으로 보냈다. 그들이 빼돌린 문서가 군정軍情을 다루는 기밀문서는 아니었지만 황권 지상의 청조에서 이러한 행위는 극히 엄중히 다스려야 할 사안이었다. 황궁 내부의 문서가 이처럼 쉽게 유출된다면 중요한 기밀인들 어찌 궁중 밖으로 유출되지 않겠는가?

금문 관리 문제는 자금성에서만 발생한 것이 아니었다. 청조 황제가 유흥을 즐기거나 피서를 위해 만든 원명원圓明園 역시 예외가 아니었다. 도광 연간에 일부 태감이 원명원 궁문 밖에서 궁중의 질서를 어기는 일이 발생했으며, 당직 중인 관원이 원림 궁문 인근에서 장사를 하는 일도 있었다. 『도광조궁중당道光朝宮中檔』의 기록에 따르면, 도광 2년(1822) 12월 18일 도광제가 특별히 어지御旨를 내려 총관내무부대신에게 궁중 태감이 원명원 궁문 밖에서 서양 시계를 판매한 행위를 엄중히 조사하여 처리하고, 아울러 태감이 원명원 궁문 왼쪽에 다관茶館을 개설한 일도 철저하게 조사하도록 했다.

이외에도 당시 황궁을 출입하는 일반인이 늘어나면서 도난 사건이 증가했다. 이에 따라 처벌 규정 또한 강화되었다. 가경 5년(1800) 율례律例에 보면 이런 구절이 나온다. "대내大內[2] 및 원명원 등에서 수레나 의복을 훔친 자는 주범, 종범을 가리지 않고 모두 참수한다." 하지만 강력한 처벌에도 불구하고 크고 작은 도둑질이 그치지 않았다.

내무부는 자문諮文을 만들어 법률의 적용 범위에 대해 밝혔다. '어용기물御用器物'의 범주를 어디까지로 정하느냐는 것이 중요 골자인데, 대내 및 행궁의 기물까지 포함하는 것으로 결론을 내렸다. 가경 10년(1805) 내무부 자문은 이렇게 기록하고 있다.

"승여복물乘輿服物, 네 글자가 전적으로 어용기물만 지칭하는지 아니면 대내와 각급 부처에서 보관하거나 공급하는 기물까지 모두 포함하는지 조사했다." 당시 형부刑部의 관련 관원들이 상의한 결과가 『형안회람刑案匯覽』에 기록되어 있다. "예문例文에 나오는 승

---

2 궁성을 뜻하는 단어로, 청조 시절에는 자금성을 지칭했다.

여복물 네 글자는 무릇 대내에서 사용하는 어용 물건 및 보관, 공급 기물까지 모두 포함한다. 만약 이를 도둑질하면 율례에 따라 처벌한다." 대내와 행궁의 물품을 도둑질하면 참형으로 다스린다는 뜻이다. 이는 처벌을 강화한 것이자 궁정의 크고 작은 기물의 도둑질에 대한 대응이었다. 하지만 문제는 자금성 내정 관리에 국한되지 않는다. 자금성 인근 북해 일대의 궁전에서도 태감이나 궁인들에 의한 크고 작은 절도가 그치지 않았다. 건륭 29년(1764) 9월 29일 전후로 지안문地安門 근처 북해 영안사永安寺에 자리한 궁전의 원범각遠帆閣에서도 태감, 소랍蘇拉[3], 원호苑戶[4] 등 궁에서 일하는 이들이 결탁하여 옥기를 훔쳐 민간에 판매하는 사건이 벌어졌다.

『내무부주소당內部府奏銷檔』에 내무부 관원 사격四格이 상주한 내용이 적혀 있다. 북해 경화도瓊華島에 있는 영안사의 수령태감首領太監[5] 진영덕陳永德의 진술에 따르면, 9월 29일경 태감, 원호 등을 데리고 궁전을 청소하던 중 후전인 원범각에 이르렀다. 그때 원

---

3   청대 내정內廷에서 근무하는 차역差役으로 하급 잡역부를 말한다. 소랍은 원래 만주어로 한가한 사람 또는 중요하지 않은 사람을 뜻한다. 주로 가난한 한인이나 기인이 맡았으며, 어선방御膳房이나 태의원太醫院에서 근무했으며, 태감과 달리 결혼을 할 수 있었지만 황제를 직접 볼 수는 없었다.

4   원호園戶라고 부르기도 한다. 주로 황가의 정원 관리, 궁내 청소를 하거나 불침번을 서는 등 잡다한 일을 맡았다.

5   태감의 직급으로 정7품에 해당한다.

범각에 진열되어 있던 옥기 7개가 유실되었음을 발견했다. 유실된 옥기는 다음과 같다. 한옥단리굉漢玉單螭舺, 백옥기룡수성白玉夔龍水盛, 한옥기룡필가漢玉夔龍筆架, 백옥묵상白玉墨床, 상아저병象牙箸瓶, 노상마노정爐上瑪瑙頂, 노상옥정爐上玉頂이다. 내무부는 보고를 받은 후 즉각 영안사를 관리하는 수령태감과 관련 인물들을 조사했다. 그 가운데 영안사의 출입문과 열쇠를 책임지고 있는 부수령태감 왕조선王朝選이 다음과 같이 자백했다.

"저는 원범각의 부수령태감으로 원범각의 열쇠는 마땅히 제가 담당하는 것이 맞습니다. 하지만 수시로 청소를 하고 정리를 하기 때문에 열쇠를 태감 왕옥주王玉柱와 유문劉文에게 맡겼습니다. 진열품을 유실한 것에 대해 아는 바가 없습니다. 다만 열쇠를 그 두 사람에게 넘긴 것은 제 잘못입니다."

심문 과정에서 태감 왕옥주가 궁중의 진열품을 몰래 훔쳐 민간에 처분한 사실을 자백했다. 왕옥주의 진술에 따르면, 그와 같은 패거리인 소랍 정주定住, 원호 노아路兒 등 3명이 태감 유문이 정안장靜安莊으로 출타한 틈을 타서 옥기를 도둑질했다. "저는 8월 27일 소랍 정주, 원호 노아 등과 원범각의 진열품을 훔치기로 작정하고 유문이 부재한 틈을 타서 그의 집으로 가서 궤짝을 열고 열쇠를 훔쳐 원범각 문을 열었습니다. 저는 소랍 정주와 누각 2층으로 올라가 옥으로 만든 필통을 비롯하여 (…) 전부 7개의 옥기를 훔쳐 정주와 노아에게 가져가 팔라고 했습니다."

정주는 영안사 궁전에서 청소와 잡역을 하는 소랍이었고, 노아
또한 영안사의 청소와 잡무를 맡은 원호였다. 두 사람은 평소 영안
사 궁전을 수시로 출입할 수 있었기 때문에 기회를 틈타 원범각의
옥기를 훔쳐 두 차례에 걸쳐 현금과 맞바꾸었다. 그들은 장물인 옥
기를 지안문 부근의 잡은雜銀 상점에 내다 팔았는데, 금액은 13조
였다. 이 사건을 통해 우리는 궁문 관리의 문제나 궁인들의 일상생
활의 일면을 엿볼 수 있다.

비교적 값나가는 옥기 등을 훔쳐 민간에 파는 일 외에 궁정 관서
에서 문서나 서적을 절취하는 사건이 발생하기도 했다. 가경 6~7년
(1801~02) 병부와 이부, 예부 등 여러 관서에서 문서와 서적 등이
도난당하는 사건이 일어났다. 당시 사건은 '관서의 복물服物(의복과
기물) 절도 사례'에 따라 관련 인원을 모두 사법 처리했다.

금지와 처벌이 지속되었음에도 이와 유사한 사건이 계속해서
발생했다. 예를 들어 『형안회람재刑案匯覽載』에 가경 6년 6월 장역
匠役[6] 곽사郭四가 양심전養心殿 배수구 안에 있던 구리 조각을 절취
한 사건이 기록되어 있다. 『형안회람』「공장투절양심전천구내구석
工匠偸竊養心殿天溝內舊錫」의 기록에 따르면, 곽사가 양심전 배수구

---

6   관부에서 일하는 장인을 가리킨다.

를 해체하다가 오래된 구리 조각을 절취했다. 이에 형부는 대내등 처승여복물참죄大內等處乘輿服物斬罪를 적용하여 참형에 처하려고 했으나 재심하여 곤장 100대와 3,000리 밖으로 유배보내라고 명했다.

이를 보고받은 가경제는 곽사가 진편확취趁便攫取(우연한 기회에 절취함)한 사건은 양심전 내부의 기물을 훔친 예와 다르다고 보고 특별히 조서를 내려 형량을 곤장 100대에 2,000리 밖으로 유배보내는 것으로 조정하는 한편, 곽사에게 한 달 동안 칼을 씌우고 신무문神武門 밖에서 조리돌려 그곳을 왕래하는 장인들이 이를 보고 경계심을 갖게 하라고 지시했다. 사형을 면하는 대신 궁정의 금규禁規를 만인에게 보여주는 일종의 반면교사로 삼은 셈이다. 가경제는 조서에서 궁중의 장인 등에 대한 교육과 훈련을 강화하는 한편 앞으로 궁에서 절도 사건이 벌어지면 무조건 참형에 처하라고 지시했다. 아울러 앞으로는 절대로 감형하지 않겠다고 말했다.

가경 18년(1813) 천리교도들이 자금성에 난입하는 사건이 발생하자 가경제는 자금성의 방비와 성문 관리의 중요성을 다시 한 번 절실하게 느꼈다. 그는 자금성 궁문을 지키는 부대에 문마다 동삼성東三省[7]의 관병을 몇 명씩 배치하라고 주문했다. 동삼성의 관병이란 곧 만주 출신의 병사를 말한다. 믿을 수 있는 만주족 병사를 금궁의 수위로 삼아 자금성의 안전을 강화하겠다는 뜻이었다. 여기

서 우리는 청대 정치 문화의 재미있는 현상, 즉 일종의 '권력의 모
세관 작용'을 확인할 수 있다. 다시 말해 정치적 이질성이 여전히
존재했다는 것인데, 특히 위기에 직면하면 정치적(민족적) 피아의
구분이 보다 명확해졌다는 뜻이다.

궁문에서 소란을 피운 사건

도광 12(1832)년 어느 기인旗人[8]이 친척에게 돈을 빌리려고 자금
성을 무단으로 침입했다가 수위 병사에게 붙잡혀 소란을 피운 사
건이 벌어졌다. 당시의 상황이 경운문景運門 대신의 상주문에 자세
하게 기록되어 있다. 사건에 연루된 면직免職 호군 송의선宋義善은
모친이 병들었는데 의원을 부를 돈이 없자 자신의 조카인 찰청아札
淸阿에게 금전을 빌리기 위해 자금성에 무단으로 침입했다. 송의선
은 성에 들어와 조카를 찾았으나 끝내 찾지 못했고 근처 지름길을
따라 융종문隆宗門으로 나가려다가 시위에게 체포되었다. 그는 궁
궐에 무단으로 침입한 죄에 소란까지 피웠기 때문에 '천입자금성

---

7   현대에는 동북삼성, 즉 흑룡강黑龍江, 길림吉林, 요녕遼寧 등 세 개의 성을 말하나, 청대에는
     성경盛京, 길림, 흑룡강 등지를 뜻했다.

8   만주족을 말한다.

장일백률擅入紫禁城杖一白律'에 의거하여 장형 100대에 처해졌으며, 가중 처벌로 1개월 동안 칼을 쓰고 조리돌림을 당했다.

자금성의 궁문 관리는 황제에게 매우 중요한 문제였기 때문에, 관원들이 입궁하여 참가하는 평비고시評比考試[9]에 이에 관한 문제가 꼭 출제되었다. 경성에서 대고한첨大考翰詹[10]이 열릴 때면 한림 출신의 관원들이 모두 궁중에 모여 시험을 치렀다. 도광 2년(1822) 4월 초열흘, 한림원 시강侍講[11] 척인경戚人鏡과 진옥명陳玉銘 등이 응시하러 왔다가 질서를 지키지 않았다. 또한 궁문이 열리기 전에 궁문 밖에 있던 여러 응시생이 처마 아래와 계단에 걸터앉아 시끄럽게 떠든 일이 있었다. 모두 금기 위반에 해당한다. 내정을 출입하는 관원이 오히려 규칙을 지켜야 한다는 사실을 망기하니 이는 법도를 잃고 체통을 버린 것이나 마찬가지였다. 시강 척인경 등은 시위가 질서 유지를 위해 막아서자 말다툼을 벌이기도 했다. 결국 척인경과 진옥명은 모두 체포되었다. 진옥명은 자신의 이름을 부르기도 전에 궁문 계단으로 올라갔음을 실토했다. 또한 그는 시험을

---

9   관원의 능력을 평가하는 시험이다.

10 청대 정기적으로 한림과 첨사 등 관원을 대상으로 진행하는 시문詩文 시험이다. 대략 6년이나 10년에 한 번씩 거행되었다. 황제가 파견한 대신이 시험지를 열람하고 성적을 평가했다. 황제도 직접 시험지를 열람하고 관원들을 심사했다.

11 명청대의 관직으로 품계는 종4품이다. 한림에서 주장奏章 문서 처리, 공문 교정 및 사서 편수 등을 맡았다.

보러 오면서 시문을 적은 쪽지를 휴대했다고 자백했다. 이는 분명한 부정행위였기 때문에 가중 처벌을 받지 않을 수 없었다. 결국 척인경은 어명에 따라 엄격한 처벌을 받았고, 진옥명은 파직되고 형부로 이송되어 법률에 따라 처벌받았다.

이와 유사한 정황이 계속 발생하자 도광제는 금령을 바로 세우고 관원들이 경계심을 갖게 하기 위해 도광 2년(1822) 4월 13일에 다음과 같이 유시諭示했다.

"문무 각급 관원을 막론하고 궁정 금지禁地에서 통제를 준수하지 않고 임의로 떠들거나 소란을 피우는 자는 관련 왕공이나 대신들의 참주參奏(탄핵 상주)를 거쳐 짐이 반드시 형부로 넘겨 법률에 따라 치죄할 것이다."

이후 궁궐의 질서를 책임지는 친왕, 대신이나 궁전의 제일선에서 관리와 단속을 맡고 있는 시위, 장경 등이 만약 단속을 소홀히 하거나 사실을 감추고 상주하지 않다가 발각될 경우 중죄로 다스렸다.

궁문을 넘은 궁정의 문화

인원이나 물자의 유동을 관리하기는 쉽다. 명확한 법 조항이 있기 때문에 집행 과정에서 나태하거나 어물쩍거리는 폐단이 없도록 하면 그뿐이다. 하지만 시대적 풍조나 기풍이 유행하는 것은 아무리 웅장한 궁문을 세워 안과 밖을 나누더라도 막기 힘들다. 이른바 '윗사람이 좋아하면 아랫사람이 따라한다'는 말처럼 자금성 궁인들의 복식 풍조와 궁정 문화는 높고 두터운 담장을 넘어 궁 밖 서민들의 일상생활에 영향을 미쳤다.

건륭 37년(1772) 12월 엄동 시절에 남성南城을 순시하던 어사 호교원胡翹元이 청조 궁정 복식에 사용되는 재질인 초구貂裘(담비가죽 옷), 세피細皮, 비단 등으로 만든 옷을 일반 서민이 그대로 모방하여 입고 있는 것을 발견했다. 북경성 안의 옷가게에서 왕공 귀족이나 높은 관리의 복식을 모방하는 심리에 영합하여 백성들이 착용하는 피첨皮簷[12]과 담비가죽 모자나 담비가죽 옷 등을 궁중 양식으로 만들었던 것이다.

호교원은 건륭제가 이미 상유한 바대로 의관衣冠은 가볍게 바꾸거나 변화시킬 수 없다고 생각했다. 하지만 당시 북경의 의복 양식은 오히려 크게 바뀌었다. 예를 들어 겨울 모자의 차양만 하더라도 수년 전에는 불과 2촌 길이였던 것이 근래에는 5~6촌 이상으로 커졌다. 사대부를 포함한 관리들도 수시로 옷을 바꿔 입고 경쟁하듯

---

12   가죽으로 만든 모자 차양을 뜻한다.

이 유행을 따랐다. 직급이 낮은 행정관리나 서리, 상인 등도 유행에 따라 세피에 공단으로 만든 옷을 입었다. 심지어 노복이나 관원을 도와 잡무를 처리하는 장수長隨[13] 등 신분이 낮은 이들까지 몰래 염흑천서피의染黑川鼠皮衣[14]를 입고 마치 담비가죽 옷을 입은 것처럼 가장하곤 했다. 영우伶優(광대) 등 연희 집단에서 일하는 이들도 가짜 담비가죽 모자를 쓰고 예쁜 옷을 입은 채 시내를 걸어 다닐 정도였다.

관방의 문서에는 어사 호교원이 당시 풍속이나 세태를 걱정하고 우려하는 마음이 여실히 드러나 있다. 하지만 우리는 당시 궁정에서 유행하던 담비가죽 옷 등이 어떻게 북경의 일반 백성에게 확산되었는지를 엿볼 수 있다. 유행에 대한 기대와 그것을 경쟁적으로 모방하려는 심리는 마치 시대 풍조가 사람의 마음 깊은 곳에 자리하는 것처럼, 형태나 모습은 없지만 구체적으로 또한 진실하게 그 모습을 드러낸다.

이 장에서 살펴본 여러 사건을 통해 우리는 청대 궁문의 금위禁衛(황제의 근위병 또는 왕궁 수위)가 삼엄하지 않았다는 사실을 확인했다. 하지만 그것을 현대인의 눈으로 평가하기는 어렵다는 생각이

---

13 하인 또는 고용인을 뜻한다.
14 검게 물들인 두더지가죽 옷을 뜻한다.

든다. 사람이 사는 곳에서는 언제나 여러 가지 문제가 생기기 마련이다. 사람의 마음속에는 온갖 상념이 떠오르고 번뇌와 미망이 끊임없이 생겼다 사라지고 또다시 생겨난다. 온갖 감정과 번뇌, 미망이 엇갈리면서 생명의 애환과 환희가 만들어진다. 궁궐 담장 안이든 아니면 밖이든 우리가 알지 못하는 숱한 이야기가 숨 쉬고 있을 것이고 또한 생활의 온갖 편린이 자리하고 있을 것이다. 다양한 군상들의 온갖 사소한 일들이 자금성의 주위를 감싸고 있었으며, 문서에 미미하고 작은 실마리를 남겼다. 제왕이나 장상將相의 위대한 업적 외에도 금란전金鑾殿 근처에서 온갖 시중과 잡역을 담당했던 하찮은 인물, 궁녀나 태감, 수문 병사는 비록 정사에 기록되지 않고 역사에 그 어떤 언어나 문자의 흔적도 남기지 못했지만 부단히 역사를 창조하고 각자 나름대로 생명의 족적을 남기고 있었다.

제6장

술에 취한 금군으로
어찌 성문을 지킬꼬

자금성 수위병의 고된 하루

황실을 호위하는 병사들은 일반인이 보기에 위풍당당하고 늠름하다. 하지만 자금성을 호위하는 일은 우리의 상상처럼 언제나 위풍스럽지만은 않았다. 날마다 똑같은 일을 반복하며 생활하다보면 고독한 상념이 들기 마련이다. 고독이 지속되면서 병사들은 자신도 모르게 비정상적인 상태에 빠지는 경우가 허다했다.

넓은 자금성 안은 화려하고 웅장한 건축물로 채워져 있다. 정치의 중심이자 중추인 그곳을 호위하는 일은 결코 쉽지 않았다. 언제 어디에서 예상치 못한 일이 터질지 모르기 때문에 호위병들은 항시 긴장을 늦출 수 없었다. 외롭고 긴장감이 감도는 가운데 힘든 일이 겹치면서 정신이 혼미해지거나 물에 빠지고, 자해를 하거나 술을 마시고 서로 싸우는 일이 흔히 일어났다.

궁문 수위의 어려움 – 양육병의 오문 난입과 자해 사건

자금성 궁문에서 돌발 사건이 벌어질 경우 주무 관리와 호위병이 이에 상응하는 책임을 졌다. 무엇보다 궁궐의 안전을 책임지는 이들이 바로 궁문 수위였기 때문에 특히 엄격한 관리 감독을 받았다. 하지만 때로 전혀 뜻하지 않은 사건이 발생하기도 했다. 예를 들어『군기처당·월접포』에는 당시 오문午門(만주어로 남쪽 중간에 있는 궁문)에서 발생한 특수한 사건이 기록되어 있다. 청조 동치 12년 (1873) 7월 16일 궁궐의 금문을 책임지는 호군통령護軍統領 흥림興林 등의 보고에 따르면, 양백기鑲白旗 몽골 계영桂榮 좌령佐領 소속인 양육병養育兵(만주어를 번역한 말로, 기인 출신의 무직인 젊은이를 양육하여 부역이나 잡역을 면제시키고 군사 훈련을 통해 병사로 육성한 부대) 연희連喜가 7월 13일 새벽 자금성 서화문西華門 안으로 잠입해 휴대하고 있던 칼로 자살을 시도했다. 아울러 관부 아문에 자신의 친동생이 간악한 이에게 채무를 독촉받다가 억울하게 죽은 일에 관해 소청했다.

연희는 다행히 죽지 않고 오문에서 궁중 시위들에게 체포되었다. 심문 과정에서 그는 자신이 왜 궁중에 잠입했는지에 대해 자세하게 진술했다. 이에 따르면, 연희의 동생인 송안松安이 다른 사람의 보증을 섰다가 분규에 휩싸여 채권자에게 쫓기는 신세가 되고 말았다. 궁지에 빠져 더 이상 갈 곳이 없게 된 송안은 결국 스스로 목을 매어 죽고 말았다. 연희는 동생의 원통한 죽음을 보면서 반드시 원수를 갚겠노라고 작심했다. 그는 고소장을 작성한 뒤 새벽에 서화문으로 잠입한 후 궁중에서 자진함으로써 동생의 억울한 죽음을 호소하려 했다.

연희는 형부에 이송되어 취조를 받고 상응하는 벌을 받았다. 또한 연희가 고발한 비양심적 채권자 일당인 건달 장삼張三, 청퇴자

靑腿子 장염왕張闆王, 백모白毛 이삼李三, 이대李大, 이이李二, 소패왕小霸王 고오高五, 심대沈大, 왕삼王三, 정이鄭二 등도 모두 보군통령아문의 관원들에게 체포되어 형부로 이송된 뒤 벌을 받았다. 『청실록淸實錄』(청대 역대 사료를 관방에서 편찬한 편년체 사서. 전체 4,480권이며 주로 황제의 상유, 주소를 비롯하여 황제의 기거起居, 제사, 순행 등의 활동이 포함되어 있다. 역대 황제의 실록에는 정치, 경제, 문화, 군사, 외교, 자연현상 등 다방면의 내용이 적혀 있다)과 『군기처당·월접포』의 기록에 따르면, 당시 서화문을 지키던 전봉통령前鋒統領, 호군통령 및 당직 시위병까지 처벌을 받았다고 한다. 동치제(재위 1861~75)는 이 사건에 대해 특별히 조서를 내려 전봉통령과 호군통령에게 궁궐 금문의 관리를 보다 엄격하게 하고 당직 관병에 대한 순찰을 강화하라고 지시했다. 아울러 향후 또다시 이런 일이 있을 경우 엄단하겠다는 어명을 내렸다.

자금성의 시위는 내무부 상삼기上三旗[1]인 양황기鑲黃旗, 정황기正黃旗, 정백기正白旗에서 선출했다. 이를 영시위내대신領侍衛內大臣 6명(양황기, 정황기, 정백기 각 2명)이 통솔했으며, 내반內班과 외반外班으로 구분하여 돌아가며 숙위宿衛했다. 내반은 주로 만주족 출신으로 건청문, 내우문內右門, 신무문, 영수문寧壽門 등을 수위했고, 외반

---

1   청대 팔기는 상삼기와 하오기下五旗로 구분되며, 상삼기는 황제 직속의 친병親兵이다.

자금성의 당직실

자금성 시위들이 당직 근무를 할 때 사용하는 치숙방值宿房(당직실)은 건청문 바깥 서쪽에 위치하고 있다. 내우문에서 서쪽, 융종문에서 북쪽에 있는데, 남향으로 12칸이 양쪽으로 나누어진 여방廬房(오두막집)이다. 나중에 군기처가 신설되면서 새롭게 군기대신의 치방值房이 들어섰다. 시위의 치숙방은 동쪽에 4칸, 군기처 대신의 치방은 중간에 4칸, 그리고 내무부대신의 판사처辦事處(사무실)는 서쪽에 4칸으로 동서로 구분되었다. 청대 왕창王昶은 「군기처제명기軍機處題名記」에서 군기처가 건청문 안에 있다고 기록했다. 또한 야간에 궁정에서 숙직하는 군기처의 장경들은 융종문 서쪽에 있는 치방에서 숙식을 해결하면서 숙직을 섰다고 기록했다.

은 만주족과 몽골족 출신을 기용하여 태화문太和門 등 외조를 숙위했다.

자금성 궁문의 수위는 윤번제로 이루어졌는데, 비교적 구체적이고 상세한 규정이 존재했다. 이에 따르면, 3일 동안 당직을 맡고 3일째 되는 날 진시에 교대했다. 자금성 밖 대청문, 천안문, 정양문 등 세 문은 하오기의 장경章京 1명, 호군교護軍校 2명, 부호군교 2명, 호군 16명이 수위하고 자금성과 마찬가지로 윤번제로 돌아가면서 당직을 맡았다.

궁문을 지키는 수위병이 교대를 할 때면 반드시 지금의 당직사관에 해당하는 장경이 호군을 인솔하여 교대 업무를 감독했다. 이는 수위병 사이에서 벌어질지 모르는 불의의 사단을 사전에 예방하기 위함이었다. 건륭 30년(1765) 9월 근무 교대 중에 뜻밖의 사건이 터졌다. 대학사 부항傅恒의 보고에 따르면, 자금성 당직 근무 교대를 책임진 정황기 전봉참령 갈타포噶他布가 직접 호군을 인솔하지 않아 호군들끼리 근무 교대를 하다가 다툼이 일어났다. 양쪽이 패싸움을 벌였고, 심지어 호군 덕명德明이 환도를 휘둘러 자칫 궁문 앞에서 살상이 벌어질 수도 있었다. 사건은 단순한 오해에서 비롯된 것이었지만 장경이 통솔하지 않은 죄는 결코 가볍지 않았다.

궁중 시위의 여러 가지 비정상적 행위-소란, 주취, 사취

우발적 사건 외에도 궁문 당직 병사들 사이에서 다툼이 벌어지는 일도 허다했다. 주로 일시적인 분노나 흥분을 가라앉히지 못하고 상대를 구타하여 상해를 입히는 일이 많았고, 자해를 시도하거나 상대를 무고하는 경우도 있었다. 예를 들어 『형안회람』 3편 「궁내분쟁·서안문내인병자행인상西安門內因病自行刃傷」에 이와 관련된 기록이 보인다.

사건은 가경 25년(1820)에 발생했다. 호군 왜극정액倭克精額은 평소 심한 조울증과 정서 불안 증세가 있었다. 그는 서안문 안에 있는 경산景山의 담장 밖에서 당직을 맡아 음식을 조리했다. 때마침 함께 당직을 서고 있던 호군 서명철각舒明哲覺이 그가 만든 음식이 맛이 없다고 욕을 해대자 왜극정액이 갑자기 울분을 참지 못하고 발작하여 자해를 시도했다. 경산 일대는 황제가 조상들에게 제사를 지내는 관덕전觀德殿이 자리한 곳이기 때문에 사안이 더욱 심각했다. 결국 호군 왜극정액은 '위제율違制律'에 따라 가중 처벌되어 장형 100대에 처해졌다.

이와 유사한 사건이 적지 않았다. 가경 22년(1817)에는 자금성 안 전정箭亭에서 당직을 서던 호군 오륵희춘烏勒希春이 물건을 구매하기 위해 쉬는 시간에 제멋대로 근무지를 이탈한 뒤 술을 마시고 크게 취했다. 당직실로 돌아온 그는 술주정을 하며 행패를 부렸고 동료 호군이 그 사실을 참령參領에게 보고했다. 술에서 깬 오륵희춘은 그제야 자신이 저지른 일의 심각성을 깨닫고 상사의 문책을 두려워하다가 기발한 생각을 떠올렸다. 그는 즉시 찻잔을 깨트려 예리한 사기 조각으로 자신의 몸에 상처를 입힌 후 동료 호군이 찌른 것이라고 무고했다. 관방에서 책임 추궁 끝에 사실을 밝혀냈다. 문서에는 당시 사건이 '도뢰圖賴'[2]라고 적혀 있다. 오륵희춘은 희도 무뢰希圖誣賴, 즉 자신의 잘못을 다른 이에게 떠넘기기 위해 동료를 무고한 것이다. 관방은 '자금성내금인자상의류례紫禁城內金刃自傷擬流例'의 처벌 규정에 따라 오륵희춘을 유형流刑에 처해야 했지만 정상을 참작하여 1등급 감형한 장형 100대에 도형徒刑(강제 노동에 종사하게 하는 형벌) 3년으로 판결했다. 당시 사건은 역사에 기록된 것 외에도 흥미로운 점이 있다. 바로 사건에 연루된 호군의 이름이다. '오륵희춘'는 만주어로 '우르히춘ulhicun'이라고 하는데 지혜나 총명, 영성靈性이나 오성悟性을 지녔다는 뜻이다. 하지만 그는 이름값을 못하고 몰래 근무지를 이탈하고 자신의 동료를 무고하는 등 영악한 짓만 골라 했다.

호군 오륵희춘은 기인 출신이지만 엄숙해야 할 궁궐의 당직실에서 술에 취해 소란을 피웠기 때문에 임의로 감형할 수 없었다. 게다가 이 사건을 보고받은 가경제가 가중 처벌을 지시했기 때문에 한 달간 칼을 쓰고 조리돌리는 형벌이 추가되었다. 그는 3년 도형이 끝난 후에도 청주부靑州府 팔기 군영으로 이송되어 고역에 종사하는 등 후속 처벌을 감당해야 했다.

당직 시위가 근무지를 이탈하여 외부에서 술을 마신다는 것은 결코 용서할 수 없는 죄였다. 현대 병영에서도 이와 같은 일은 군

---

2 자신의 잘못을 부인하고 남을 모해한다는 뜻이다.

법으로 다스리기 마련이다. 가경제가 율례律例나 벌칙罰則에서 벗어나 오륵희춘에게 가중 처벌을 지시한 것도 호군 시위들의 풍기 문란을 단속하고 의용을 갖추기 위한 특별 조치였던 셈이다.

도광 11년(1831)에 관방의 소식을 전파하는 일종의 관보인「저초邸抄」에 경운문 당직 대신이 상주한 도뢰 사건이 실렸다. 기인 출신으로 전직 전봉시위前鋒侍衛였던 덕릉액德楞額이 '오차광반誤差曠班(상시적으로 늦게 출근했다는 뜻)'으로 인해 자신의 상관인 관위시위管委侍衛 달륭아達隆阿에게 면직 처분을 받았다. 그는 도병逃兵(도망병)으로 보고되었다. 면직된 덕릉액은 빈곤에 쪼들리면서 하는 일 없이 지내다가 우연히 신무문에서 생김새가 달륭아와 비슷한 사람을 보고 울화가 치밀어 그를 쫓아갔다. 하지만 그 사람이 집으로 들어가는 바람에 더 이상 쫓아갈 수 없었다. 분을 삭이지 못한 그는 신무문 앞에 걸어놓은 장창長槍을 잡아당겨 부러뜨리고 상사인 달륭아가 그런 것이라고 무고했다. 덕릉액이 신무문 앞에서 부러뜨린 장창은 '장파찰창長把札槍'인데 만주어로 '기다gida'라고 부른다. 장파찰창은 본래 궁문 앞에 설치하여 위용을 자랑하던 군기인데, 덕릉액이 그것을 부러뜨렸으니 적지 않은 풍파를 몰고 올 게 분명했다. 신무문은 금문 중에서도 가장 중요한 곳으로 경비가 삼엄했다. 그런 곳에서 장창을 부러뜨렸으니 처벌은 당연한 일이었다. 결국 그는 '탁훼신명정중판방의류율拆毀申明亭中板榜擬流律'에 따라 가중 처벌을 받고 변방으로 충군充軍[3]되었다. 덕릉액은 원래 특권을 지닌 기인이었으나 이 일로 제명되었고 '초제기당銷除旗檔'[4] 판결을 받아 서민으로 강등되었다. 그가 부러뜨린 장창은 무비원武 備院으로 보내 수리했다.

이외에도 기인이 궁금중지宮禁重地, 즉 황궁 앞에서 소란을 피우다가 관부에서 처벌을 받은 경우가 적지 않았다. 『형안회람』 3편 「조판처보갑용자편상인造辦處步甲用磁片傷人」에도 제독提督이 올린 자문咨文이 한 편 실려 있다. 개요는 다음과 같다. 가경 25년(1820) 자금성 서화문 안에 있는 조판처造辦處[5]의 당직 보갑步甲(보병 병사)의 상해傷害 사건이 발생했다. 조판처(만주어로 '웨일러러 아라라 바 weilrere arara ba'라고 하는데, 제작이나 제조의 뜻을 지닌 '웨일럼비weil-rembi'에서 나온 말이다)는 궁중에 필요한 각종 생활용품, 장식품, 감상용 자기, 가구나 병기, 심지어 잡다한 각종 기물을 제작하는 곳이다. 주로 궁인이나 태감, 여러 장인이 왕래하고 작업하는 곳이라 평소 기물 제작에 바쁠 뿐 별다른 사고나 사건이 없었다. 그런데 갑자기 가경 연간에 기이한 상해 사건이 발생한 것이다.

---

3 유형流刑의 일종으로 범죄자를 변방으로 보내 군인으로 충당하거나 노역에 종사케 하는 형벌이다.
4 기적旗籍에서 제적되는 형벌이다.
5 청대 황실에 필요한 물품을 제작하는 전문 기구이다.

당시 서화문을 호위하는 기적旗籍 보군 갑사 광복廣福이 어떤 연유인지 알 수 없으나 일시의 울분을 참지 못하고 조판처 인근에서 도자기 파편으로 동료인 융릉아隆阿를 찔렀다. 사건이 황궁에서 발생했기 때문에 혐의자인 광복은 '자금성 내 각처에서 복무하는 하급 관리 등이 타인을 구타할 경우 곤장 100대, 유형 3,000리, 가호枷號 3개월에 처한다'는 법규에 따라 처리되었다. 다만 기인인 광복은 유형을 3,000리에서 약간 감형하되 5개월간 가호하는 형을 받았다. 이외에 피해자인 융릉아는 '불응위율不應爲律'의 조례에 따라 장형 80대, 가호 1개월에 처해졌다.

자금성 내 말다툼과 구타 사건

자금성 안에서 말다툼을 벌이다 난투극에 이른 사건이 적지 않았다. 『형안회람』 3편 「궁내분쟁·소덕문호군호구昭德門護軍互毆」에 관련 기록이 나온다.

호군통령이 아룁니다. 호군 새사포賽沙布와 호군 해창海昌은 모두 소덕문에서 당직을 서고 있었습니다. 새사포가 당직을 관리하는 대신의 점검이 있다는 소식을 듣고 황망 중에 해창의 위모緯帽를 쓰고 나갔습니다. 이를 알게 된 해창이 욕설을 퍼붓자 새사포가 해창을 구타했습니다. 새사포는 응당 호군에서 파직하고, 자금성에서 손과 발로 타인을 구타하여 상해를 입힌 사례의 법규에 따라 처벌하되 기인인 관계로 주방駐防(주둔지)으로 보내 노역을 시키기 전에 가호 처벌을 부가했습니다. 해창은 피해자로 문책하기 어렵지만 새사포에게 구타를 당하자 그 역시 주먹을 휘둘렀습니다. 그러나 새사포에게 흔적이 남지는 않았습니다. 이에 사람을 구타했으나 흔적이 없을 때는 태형으로 다스린다는 법규를 적용하는 대신에 위제율違制律에 따라 장 100대와 가호 1개월에 처하고자 합니다.

이 내용은 가경 25년(1820)에 기록된 것이다. 당시 소덕문을 관리하는 당직 대신이 때마침 출근 상황을 점검할 때 당직 호군 새사포가 같이 당직을 섰던 호군 해창의 '위모'를 잘못 쓰고 말았다. '위모'란 붉은 실로 갓끈 장식을 한 동절기 방한모를 말한다. 호군 해창이 이를 알고 새사포에게 자신의 모자를 돌려달라고 하면서 두 사람 사이에 말다툼이 일어났고, 급기야 난투극이 벌어지고 말았다.

관방에서 사후에 진상을 파악하고 쌍방의 상해 정도를 확인한 후 새사포는 호군에서 파직하고 '자금성내투구수족상인례紫禁城內鬪毆手足傷人例'에 따라 유형 판결을 내렸다. 그러나 새사포가 기적을 가지고 있기 때문에 먼저 칼을 쓰고 조리돌리는 형벌에 처했으며, 이후에 지방에 있는 팔기병 주둔지로 보내 고역에 종사하도록 조치했다. 호군 해창은 비록 구타 피해자이기는 하지만 먼저 새사포에게 욕을 했고 주먹으로 상대를 때렸기 때문에 처벌을 면할 수 없었다. 결국 그는 위제율에 따라 장형 100대, 가호 1개월에 처해졌다.

전체적으로 볼 때 자금성 궁문 부근에서 발생한 구타나 난투 사건이 한두 번이 아니었다. 상술한 사건 외에도 당직 시위들이 술에 취해 소란을 피운 사건도 있었다. 예를 들어 가경 22년(1817) 1월 17일 서남문西南門의 차사差使로 파견된 삼등 시위장 달령아達靈阿가 궁문 출입 시간을 무시하고 자금성 안에서 술에 취해 부참령 애륭아愛隆阿와 싸우다가 옷을 찢는 일이 벌어졌다. 형부는 달령아의 범죄를 중하게 다스렸다. 비록 애륭아를 때려 상처를 입힌 것은 아니었지만 '원명원 대궁문 등에서 수족手足으로 타인을 상해한 사례'에 따라 장형 100대에 도형 3년형을 내렸으며 재차 죄를 논의하는 과정에서 신강 이리伊犁로 보내는 유배형이 추가되었다. 최종적으로 기인 출신인 그를 먼저 가호에 처하고 3년 형기를 채운 다음에 유배하는 것으로 정했다.

이상에서 우리는 궁문 수위들의 삶의 단편을 엿볼 수 있다. 고단한 삶과 의지할 곳 없는 적막한 생활 속에서 그들은 술에 의지하여 때로 소란을 피우기도 하고, 급기야 난투극을 벌이기도 했다. 이런 사례는 시위병의 힘들고 불안정한 생활과 정서를 반영한다. 또한 같은 이유로 청조 황제는 자금성 수위 병사들의 처우에 특별히 유의하였다. 가경제는 천리교도의 궁궐 난입 사건을 겪고 전봉통령과 호군통령 등에게 특별 명령을 내려 병사의 대우에 관한 관련 규정을 보다 타당하게 조정하도록 명했다. 그는 하루에 두 번씩 제공되는 식사의 질을 높여 시위 병사들의 생활을 향상시키도록 했다.

북경의 여름은 매우 덥고 겨울은 대단히 춥다. 사계절이 분명한 환경에서 당직이나 숙위宿衛는 결코 쉬운 일이 아니다. '1,000일 동안 양병하는 이유는 일시에 쓰기 위함이다'라는 말이 있는데, 천리교도의 자금성 난입이 평정된 후 가경제가 병사들의 대우를 향상시키기 위해 노력한 이유가 바로 여기에 있다.

궁정을 호위하는 병사의 인생은 상당히 힘들고 따분한 나날이었을 것이다. 때로 근무지를 이탈하거나 비정상적인 일을 저지르기도 했지만 어쩌면 그것은 스쳐 지나가는 단편적인 일화에 불과할지도 모른다. 곰곰이 생각해보면, 지금 우리의 직장 생활도 마찬가지가 아니겠는가. 매일 반복되는 일상에서 작은 행복을 찾아 마음속 울분이나 억눌린 감정을 해소하고 있지는 않은가. 하지만 황제가 보기에 자신의 직분을 다하지 못하거나 나태하거나, 당직을 서면서 술에 취해 난동을 부린 호위 병사들은 그저 믿을 수 없는 자들이었는지도 모른다.

제7장

말을 달려
황명을 전달하라

역참 마부의 주마 인생

파발마로 공문을 전달하라 - 공문 보갑 유실 사건

청조의 역체驛遞[1] 공문은 보갑報匣이나 접갑摺匣 및 본상本箱에 넣어 운송했다. 주로 황명이나 조정의 중요한 공문서가 역참과 마필에 의존하여 각지로 배달되었다. 군국대사軍國大事와 관련이 있는 중요 문서이기 때문에 긴급을 요하는 경우가 대부분이었으며 결코 착오가 없어야 했다. 속담에 '배를 타거나 말을 타면 명이 짧아진다'라는 말이 있는 것처럼, 역체 마부들이 조정의 중요 문서를 전달하는 과정에는 적지 않은 사건과 사고가 생기게 마련이었다. 물론 그중에는 감동적인 이야기도 적지 않다.

『사어소장내각대고당안史語所藏內閣大庫檔案』을 보면 역체 마부가 군기軍機 문서를 전달하는 과정에서 실수로 공문을 담은 상자(보갑이나 접갑, 본상 등)를 분실하는 사고가 발생했음을 알 수 있다. 그런 사건들 중에는 역체 마부가 몰던 말이 무언가에 놀라는 바람에 상자를 떨어뜨려 손상시킨 경우도 있고, 강을 건너다가 물에 빠뜨려 분실한 일도 있다. 이로 인해 청조 조정은 가끔씩 본상이나 보갑을 수리하고 보강하여 전달 공문이 물에 젖거나 곰팡이가 생기지 않도록 했다.

---

1   파발마로 공문을 전달한다는 뜻이다.

공문 전달 과정에서 착오가 생길 경우 관련 책임자인 마부와 관원, 그리고 변원弁員(하급 무관) 등은 교부의처交部議處, 즉 이부吏部로 송치해 처벌되었다. 『건륭조궁중당乾隆朝宮中檔』에 건륭 43년(1777) 10월 절강순무浙江巡撫 왕단망王亶望이 본상을 물에 빠뜨려 젖게 한 사건 등 실직失職(직무상 과실)한 관리의 처벌에 대해 상주한 내용이 적혀 있다. 당시 사건으로 운송을 책임진 역체 관리가 처벌을 받았으며, 운송을 맡은 건덕현의 현령 오광굉伍光紘도 책임 추궁을 당하는 등 관련자가 모두 처벌받았다. 건륭 32년(1766) 3월 병부상서 육종해陸宗楷는 역체 관리가 본상 운송을 지연시켜 직무상 과실을 범했다는 이유로 엄중한 조사와 처분을 주청했다.

도광과 함풍 연간의 관련 기록을 보면, 본상에 곰팡이가 피었다거나 운송이 지연된 역체 관리의 과실이 자세하게 적혀 있으며, 또한 도광제나 함풍제가 관리에게 이에 대해 상의하도록 주문한 내용과 이후에 내려진 처분 등이 상세하게 적혀 있다.

청조 말기인 광서 연간(1875~1908) 각종 내우외환에 시달리던 시절에도 청조 관방은 역참의 본상 관리를 상당히 중시했다. 하지만 광서 27년(1901) 10월 28일 상주문을 담은 본상이 전화戰禍로 유실되는 사고가 발생했다. 전체적으로 볼 때 공문을 운송하는 관리와 마부들이 여러모로 주의하였으나 역로驛路에는 언제나 크고 작은 의외의 상황이 발생하기 마련이었다.

청대의 공문 운송 상자

이른바 '보갑', '접갑', '본상'은 청대 역참에서 공문서를 상신하거나 배달하는 데 사용한 나무상자나 함을 말한다. 특별히 주접奏摺(상주문)을 운송할 때는 특제 '접갑'을 사용하고, '제본題本'[2]은 나무상자에 넣어 운송했다. 일반적으로 역마에 싣기 적당한 크기로 제작했다. 보갑이나 접갑 등은 모두 문서에 수량을 기록했으며, 만약 손상될 경우 즉각 상부에 보고하여 호부에서 새로운 갑을 수령했다. 제본을 배달하는 본상 역시 일련번호를 적어 문서에 기록했다. 본상 겉에 봉인 종이를 붙여 배달 과정에서 타인이 임의로 열어보지 못하도록 했으며, 개봉한 흔적이 발견되면 책임을 면할 수 없었다. 본상의 겉면에 가죽을 덧대어 빗물에 젖거나 습기가 차는 것을 방지했다. 그래서 일부 문헌에는 본상이 '송본피상送本皮箱'이라고 기록되어 있다.

홍수로 다리가 끊기는 등 의외의 사고

운송 상자의 유실 외에도 갖가지 뜻밖의 상황으로 인해 배달 사고가 나기도 했다. 예를 들어 수재를 만나 다리가 끊기거나 마부가

---

2 주접과 유사한 상주문의 일종으로 주로 통정사通政司로 보내 내각에 전달되었다. 광서 28년 (1902) 제본을 폐지하고 주접만 남겼다.

중도에 병드는 일도 있었다. 이런 경우는 정상을 참작할 만하기 때문에 조정에서도 정황을 살펴 더 이상 문책하지 않았다. 도광 16년 (1836) 8월 18일 양광총독兩廣總督³ 우도광于道光이 역참에서 본상을 발송했는데, 중도에 사고가 나서 배달이 지연되고 말았다. 병부兵部에서 원인을 조사한 결과 운송 중에 마부가 병에 들고 수재로 도로와 교량이 유실되면서 일처리가 지연되었음이 밝혀졌다. 당시 보고 책임이 있던 강서순무 유태裕泰는 특별히 병부에 관련자들에 대한 조사를 멈추고 더 이상 책임을 추궁하지 말아주기를 주청했다.

청조 관방은 역체 문제 처리에서 상벌을 분명하게 한다는 원칙을 고수했다. 역참의 마부가 자신의 직무를 진지하고 신중하게 처리하여 공로를 세운 경우 이를 참작하여 장려금을 하사했다. 예를 들어 가경 5년(1800) 1월에 한파와 대설로 인해 도로 상황이 나빠지자 호부는 각처 역참에서 군보軍報 소식을 기한 안에 송달한 공로를 세운 이들을 가려서 특별히 표창해달라고 주청했다. 가경제는 유지를 내려 "엄동설한에 대설이 분분이 내려서 통행하기 어려운 가운데 관련 관원과 역참의 마부들이 자신의 직분에 충실하고 능력을 발휘하여 긴급한 군정 소식을 정확히 배달하였으니 마땅히 표창하라"고 했다.

---

3   광동과 광서의 총독으로 9명의 최고위급 봉강대신封疆大臣 가운데 한 명이다.

말이 놀라 쓰러지다

공문을 전달하는 과정에서 사고를 당하는 것은 사람만이 아니었다. 때로 말도 문제가 되었다. 말은 성정이 예민하여 외부의 영향에 쉽게 동요했다. 달리다가 놀라면 마부의 통제를 벗어나 마구 날뛰는 바람에 본상, 보갑이 떨어지거나 사람과 부딪쳐 공문을 분실했고, 심한 경우 인명과 재물 손실이 발생하기도 했다.

『사어소장명청내각대고당안』에 이와 관련된 몇 가지 사건이 기록되어 있는데, 이를 통해 구체적인 상황을 살필 수 있다. 건륭 54년(1789) 7월경 호남의 순무 포림浦霖이 상주한 내용에 따르면, 상담현승湘潭縣丞 장사경张士璟이 양광총독 복강안福康安이 발송한 육백리가급六百里加急[4] 주접을 전달하는 과정에서 마부의 실수로 말이 놀라는 바람에 보갑이 훼손되는 사고가 발생했다. 보갑에 들어있는 주접은 군정의 기밀문서이기 때문에 조금이라도 늦게 배달할 경우 심각한 업무상 과실로 간주되었다. 결국 마부 대대戴大는 관련 법률에 따라 장형 60대, 도형 1년에 처해졌다. 장사경도 시범적으로 파직되고 말았다. 이와 유사한 여러 사건은 관련 부서에서 문서 지연의 원인을 상세하게 조사한 뒤 법률에 따라 책임을 물었다.

---

4   하루에 600리를 달릴 정도로 긴급하게 송달하는 것을 말한다.

동료의 발병으로 인한 대리 송달

청나라 초기 『절문재문초切問齋文鈔』[5]로 유명한 명신 육요陸耀[6]가 호남순무로 있을 때 외위外委[7] 이원吏員(하급 관리)에게 공문을 담은 접갑을 배달하라고 지시했는데, 이원은 자신이 직접 가지 않고 나부驃夫(노새를 부리는 사람)에게 배달을 부탁했다. 그런데 나부 마정 원馬正元이 중도에 접갑을 들고 자신의 고향으로 돌아가버린 사건이 벌어졌다. 이는 엄중한 규정 위반이다. 형부는 당시 사건을 심사하여 관련 인물들의 책임을 추궁하고 법률에 따라 처리했다.

파발마로 공문을 전달하는 과정에서 타인의 이름을 사칭하여 대신 전달하는 일이 적지 않았는데, 주로 공문을 전달하다가 마부가 돌연 병들어 말을 탈 수 없을 때 일어났다. 다른 방법이 없는 상황에서 어쩔 수 없이 다른 사람을 고용하여 임무를 맡긴 것이다. 이러한 임기응변은 청대 역체驛遞 제도의 관방 규정에 부합하지 않았다. 이와 같은 사행이 상급자나 기관에 발각되어 보고될 경우 관련자 모두 책임을 추궁당하고 엄중한 처벌을 받았다.

---

5 학술과 정교 제도에 대한 경세 서적이다.

6 건륭제 시절 호남순무 외에도 내각중서內閣中書 등을 역임했으며, 주로 운하, 제방 등의 공사 책임을 맡았다.

7 외부에 위탁하는 것을 말한다.

공문서를 운송하면서 개인 물품을 함께 배달한 사건

　파발마로 공문을 배달하는 과정에서 업무상 과실을 범한 이들은 모두 규정에 따라 처벌을 받았다. 하지만 정황에 따라 벌칙에 경중이 있었다. 공문을 배달할 때 본상의 전패傳牌[8]를 잘못 적는 일이 종종 발생했다. 이 경우 관리는 대조, 검토를 부실히 한 책임을 지고 사례에 따라 감봉 또는 봉급 지불 정지의 처벌을 받았다. 배달 시간이 서로 달라 관련 공문서를 본상과 함께 배달하지 않는 것도 흔히 발생한 과실 가운데 하나다.

　여러 과실 중 특별한 경우가 있는데, 바로 공적인 명의를 빌려 사욕을 채우는 일이었다. 역체 사무 처리를 맡아 공문서를 담은 본상을 배달하면서 차역差役이 개인의 상품이나 화물을 끼워넣어 사익을 취한 경우가 그러한데, 예를 들어 명주나 베 등을 함께 배달하는 일이 종종 벌어졌다.

　『사어소장명청내각대고당안』에 건륭 18년(1753) 10월 12일 차역이 공문 배달 중에 사욕을 채우다 발각된 사건이 기록되어 있다. 병부의 보고에 따르면, 사천 제당堤塘의 관원 한관韓瑄이 관리하는 차

8　청대 아문의 문서 가운데 하나로 역참의 관리들이 준수 또는 금지 사항, 기점과 종점, 반납 관서 등을 기록했다.

역의 기율이 느슨하여 공문서를 배달하면서 명주를 끼워넣어 이익을 취했다. 장관이 그 사실을 알고도 오히려 은폐했다. 결국 불법이 발각되어 제당관 한관은 벼슬이 3급 강등된 뒤 다른 곳으로 좌천되었다.

이외에도 역체를 담당한 관원이 업무상 과실로 감봉을 받은 사건이 적지 않게 기록되어 있다. 예를 들면 다음과 같다. 건륭 30년(1765) 6월 21일 대학사 부항傅恒이 상주한 바에 따르면, 양광총독 소창蘇昌의 행정 관리가 꼼꼼하지 못해 주갑의 전패 문서를 잘못 기재하는 바람에 공문이 다른 곳에 배달되었다. 안휘 동성현桐城縣의 지현知縣 유찬劉瓚은 주갑이 관할 역참을 최초로 통과할 때 이상을 발견하지 못했다. 또한 서성현舒城縣의 지현 서소감徐紹鑒은 문서를 잘못 받았으면 이를 확인하고 정확한 곳으로 다시 보내야 하는데 그렇게 하지 않았다. 결국 두 지역의 지현은 감봉 처분을 받았다.

비적이 훔쳐간 본상과 걸인이 주운 공문

현재 대만 고궁박물원에 소장되어 있는 『건륭조궁중당주접乾隆朝宮中檔奏摺』에는 도적이 직예 청원현清苑縣의 마부 유복劉福이 배달하던 본상을 탈취한 사건이 기록되어 있다. 건륭 47년(1782) 7월 23일경 직예총독 정대鄭大가 어지를 받들어 마부 유복의 사건을 심문하여 구체적인 정황을 파악했다. 이에 따르면, 유복이 공문을 사천으로 운송하다가 도적에게 역체 본상을 빼앗기고 말았다. 유복의 운송길에 역변驛弁, 즉 역참의 하급 관리가 동행하지 않았기 때문에 도적에게 기회를 준 꼴이 되고 말았다.

『건륭조궁중당주접』에 기록된 내용은 비교적 간단하다. 그러나 『사어소장명청내각대고당안』에 기록된 내용은 이보다 상세할 뿐만 아니라 공문을 분실하게 된 과정과 원인에 대한 설명이 다르다. 이를 통해 우리는 사건의 정확한 배후를 확인할 수 있다.

마부 유복은 사천성으로 본상을 배달할 때 말의 상태를 세심하게 살폈어야 함에도 그렇게 하지 않았다. 결국 중도에 말이 놀라는 바람에 본상을 길가에 떨어뜨리고 말았다. 떨어진 본상을 주운 행인이 호기심에 그것을 열어보았다. 이 일은 마부 유복이 처음에 한 진술처럼 도적이 훔쳐간 것이 아니라 길에서 분실한 사건이었다. 결국 진상이 밝혀지면서 관리 감독의 책임이 있는 지현 장사관莊士寬이 관련 부서로 이송되어 처벌을 받았다.

이 사건의 영향 역시 적지 않았다. 조정은 사건의 전후를 신중하게 조사하고 처리 규정을 다시 고민했다. 아울러 이를 통해 역체 과정을 개선하는 방안을 마련할 수 있었다. 전체적으로 볼 때 복잡하고 기이한 사건의 연속이지만, 일련의 사건은 자연재해로 인한 도로와 교량의 유실, 도적이 출몰하던 불안한 민심 등 여러 문제가 공문서 배달에 지장을 초래했다는 사실을 반영한다.

파발마를 통해 공문을 전달할 때 반드시 거쳐야 하는 곳 가운데 하나인 직예성 양향현良鄕縣의 사례를 통해 공문 유실과 관련된 총체적 난국을 엿볼 수 있다. 가경 17년(1812) 11월, 북방의 날씨는 매섭게 추웠다. 병부 관원인 동고董誥가 상주한 바에 따르면, 역체 마부 상흥왕常興旺이 공문을 배달하다가 양향현에서 도적에게 공문을 탈취당하는 사건이 벌어졌다. 그런데 양향현 지현 범종范鍾은 상부의 추궁을 피할 목적으로 마부에게 진술을 날조하도록 교사하는 한편 사건 자체를 보고하지 않았다. 결국 진상이 밝혀졌으며, 범종은 관직에서 쫓겨나 멀리 우루무치로 유배되었다.

가경 25년(1820) 2월 양향현에서 또다시 배달 사고가 일어났다. 순천부윤順天府尹[9] 유환지劉鐶之가 조정에 제출한 상주에 따르면, 양향현의 지현 도금전陶金殿이 마부를 제대로 선발하지 못하는 등 방심하여 병부에서 군기처로 보낸 긴급 문서를 유실하는 사고가 발생했다. 지현은 역체 도중에 말이 놀라 마부가 떨어지는 바람에 공

---

9   순천부는 명청대 북경 전체의 행정구역을 말한다. 부윤은 북경의 치안, 정무의 최고 행정장관으로 지금의 시장에 해당한다. 봉천부의 부윤과 마찬가지로 정3품이다.

문을 유실했다고 거짓 보고했다.

관부에서 마부 사옥史玉을 조사한 결과 역체 도중 말이 놀랐다 거나 마부가 떨어진 일이 없었다고 판단했다. 이 일로 도금전의 책임을 물어 처벌했다. 형부는 마부 사옥을 체포하여 상세한 정황을 다시 심문했다. 그해 이른 봄에 양향현 일대에서 연이어 공문 유실 사고가 발생했기 때문이다. 이후 두 사건을 종합적으로 살펴본 결과 양향현 일대에서 도적을 만나 마부가 휴대하고 있던 공문을 탈취당한 것으로 최종 결론을 내렸다. 이로써 양향현 일대의 공문 유실 사건의 전모가 밝혀졌다.

공문을 탈취 또는 절도당하는 일 외에도 행인이 주워가는 경우도 있었다. 『사어소장명청내각대고당안』에는 가경 15년(1810) 5월 29일에 발생한 특별한 사건이 기록되어 있다. 함녕현咸寧縣의 마부 가덕賈德 등이 호남에서 본상을 받아 배달할 때 말이 놀라 본상을 잃어버리는 사고가 일어났다. 마부가 급히 찾아 나섰지만 끝내 찾지 못했고, 엉뚱하게도 길을 가던 걸인 하지평夏志平이 그것을 습득했다. 그는 길에서 주운 본상을 어떻게 처리해야 하는지 몰랐기 때문에 별 생각 없이 훼손하고 말았다. 이후 형부에서 사건을 심의한 끝에 사안이 중대하다고 판단하여 마부 가덕을 장형에 처했다. 또한 길거리에서 우연히 본상을 습득한 뒤 훼손한 걸인 하지평 역시 중형을 면하지 못했다. 그는 장형 100대에 유형 3,000리로 처분되었다. 한순간의 어리석은 행동으로 신세를 망치고 만 것이다.

유실 공문 선후 처리와 되찾은 공문 보갑

역체 관리를 맡은 관원이 처벌을 두려워하거나 책임을 면하기 위해 공문 유실 사고를 즉시 보고하지 않고 차일피일 미루다가 전달할 기회를 완전히 놓치는 경우도 있었다. 건륭 22년(1757) 10월 협판대학사協辦大學士[10]이자 형부상서인 악이달顎爾達은 역체 마부 고이격高二格이 공문을 유실한 사건을 상주했다. 이에 따르면, 고이격은 배달 과정에서 부주의하여 공문을 잃어버렸다. 그러나 사실대로 보고하지 않아 공문 전달이 심각하게 지연되고 말았다. 사건의 후속 조치로 조정은 향후 공문을 유실했을 경우 관련 관원이 즉각 자세한 상황을 상부에 보고하고 관련 아문에서 공문을 재발급하여 일을 처리하도록 조치했다. 이외에도 보갑이나 본상, 공문, 주접 등을 유실한 사건이 청조의 문서에 적지 않게 실려 있으며, 각 사안마다 구체적인 내용이 담겨 있다.

때로 지방 관원은 군정 기밀의 전달이 지체되는 것을 막기 위

---

10   내각의 장관인 대학사의 부직副職으로 종1품이다.

해 마부에게 비바람을 무릅쓰고 물이 불어난 강을 건너서라도 공문을 전달하라고 명령했다. 이는 대단히 위험한 일이 아닐 수 없었다. 때로 마부가 강을 건너다 익사하는 사고도 있었고 강에 공문이 빠져 찾지 못하는 경우도 빈번했다. 『사어소장명청내각대고당안』에 이러한 사건의 기록이 적지 않게 남아 있다. 도광 21년(1841) 윤3월 강서성 의춘현宜春縣의 지현 왕가린王嘉麟이 긴급 공문을 제때에 전달하기 위해 마부에게 폭우를 무릅쓰고 강을 건너 배달하도록 시켰다. 그러나 마부와 말이 강을 건너다 불어난 강물을 견디지 못하고 휩쓸려 익사하는 사고가 발생했다. 강에 유실된 병부 등의 공문서는 나중에 다시 찾았지만 이미 시간이 지체되고 인명사고까지 났기 때문에 왕가린은 책임을 면할 수 없었다.

청조 관방에는 역체 도중에 순직한 마부나 차역을 무휼撫恤(순직한 자에 대한 물질적 보상)하는 규정이 있었다. 『사어소장명청내각대고당안』의 기록에 따르면, 가경 5년(1800) 7월 장마가 길어지면서 하천의 수위가 최고조에 달했다. 그때 소주 마부 두성태杜成泰가 길림吉林 장군의 주접을 배달하다가 익사하는 사고가 발생했다. 이 사실을 보고받은 가경제는 특별히 영을 내려 두성태의 집안에 백은 50냥을 하사하고 사자嗣子, 즉 대를 이을 아들이 있는지 조사하여 만약 있다면 아비의 봉급을 수령하게 하라고 지시했다.

이 장에서 역체 마부의 인생 역정과 그들이 공문을 배달하는 과정에서 겪어야 했던 난관을 엿볼 수 있다. 그들은 자신에게 주어진 사명을 위해 최선을 다했다. 공문을 신속히 배달하기 위해 불어난 강물을 건너다가 귀중한 목숨을 잃기도 했다. 이 모든 노력은 자신이 맡은 임무를 완수하기 위해서였다.

제8장

옥기를 훔쳐
어디에 숨겼느냐

태감의 절도·밀수·도박

날 저물고 연희도 끝나 어디로 돌아가나

연락거宴樂居와 육화국六和局(건륭 연간 북경의 유명한 음식점)일세.

동전 세 푼으로 좋은 꽃 사고

인절미와 귀퇴鬼腿(밀가루 반죽을 기름에 튀긴 음식)를 우적거리네.

이른 아침에 달짝지근한 콩죽 한 그릇 먹고

이후에야 차탕茶湯(차처럼 뜨거운 물을 부어 먹는 북경의 간식)이나 면차麵

茶(기장이나 밀가루를 죽처럼 끓여 먹는 북경의 간식)를 먹는다네.

차가운 과양果糕(과일을 설탕에 졸여 만든 간식)과 끓여 만든 당이타糖耳

朶(밀가루 반죽에 설탕 등을 넣고 끓여 만든 과자로, 귀처럼 생겼다),

화덕에 구운 소병燒餅과 맛있는 애와와艾窩窩(찹쌀떡의 일종),

차자화소叉子火燒(밀가루로 만든 피에 여러 가지 소를 넣어 만든 천진天津의

간식)를 금방 사고,

밀가루 반죽하는 소리를 들으니 보보餑餑(북경의 전통적인 밀가루 음식)

라고 부르네.

소맥燒麥(고기와 야채 등을 넣어 만든 만두의 일종) 혼돈餛飩(밀가루나 쌀가

루로 반죽하여 둥글게 빚어, 그 속에 소를 넣고 찐 떡) 가득 벌려놓고

괘분탕원掛粉湯圓(새알 모양의 다양한 소를 넣어 만든 떡국과 유사한 탕)을

새로 더하네.

폭두爆肚(돌궐족이 즐겨 먹던 소 천엽 요리), 튀긴 간, 순대볶음에 목이버

섯과 황채黃菜, 편아탕片兒湯(저민 돼지고기, 달걀, 밀가루 등으로 만든 수제

비와 유사한 탕)도 있다네.

日斜戲散歸何處, 宴樂居同六和局.

三大錢兒買好花, 切糕鬼腿鬧嗜嗜.

清晨一碗甜漿粥, 才吃茶湯又面茶.

涼果糕炸糖耳朵, 吊爐燒餠艾窩窩.

叉子火燒剛買得, 又聽硬面叫餑餑.

燒麥餛飩列滿盤, 新添掛粉好湯圓.

爆肚油肝香灌腸, 木须黃菜片兒湯.

_청대 시인 양미인楊米人의 「도문죽지사都門竹枝詞」

융복사 묘회와 조선 사절단의 정보 활동

명청 시대에는 북경 융복사隆福寺 일대의 묘회廟會에서 시집市集
(일정한 장소에서 정기적으로 개설되는 시장)이 정기적으로 개설되었는
데, 특히 그곳에서 판매하는 '경성의 간식京城小吃'이 유명했다. 시
장이 열리면 수많은 사람이 왕래하면서 호객하거나 흥정하는 소리
로 와자지껄했다. 시인 양미인(생몰 연대는 미상이나 대략 건륭 연간의
사람이다)은 「도문죽지사」에서 시장에서 파는 북경의 여러 가지 간
식과 남북의 각종 물건에 대해 언급했을 뿐만 아니라 잡기雜技(서

커스)를 비롯한 온갖 연희에 대해 묘사한 바 있다. 조선의 사절들도 『연행록燕行錄』에 당시 묘회 앞에 열린 시장의 풍물을 기록했다. 예를 들어 북경을 방문한 조선 사절단[1]의 수행원 가운데 한 명인 어의御醫 김종우金宗友는 융복사 묘회 시장에서 특이하게 생긴 '동사筒蛇(뱀을 본 따 만든 장난감)'를 구입했다. 그는 소뿔로 만든 뱀 모양의 장난감이 움직이는 것이 재미있기도 하고, 또한 그것이 학질에 걸린 아이들을 치료하는 데 도움을 줄 것이라 여겼던 듯하다. 당시 조선의 의사들은 '경혁驚嚇', 즉 놀라게 하는 것이 어린아이의 학질 치료에 효과가 있다고 생각했다.

묘회의 시장을 돌아보는 것 외에도 조선의 사절은 유리창琉璃廠[2] 인근의 고서나 골동품을 판매하는 상점에 들러 각종 도서를 구매했다. 그들은 다양한 통로를 통해 진귀한 도서와 서화를 찾아 구매했다. 때로 관방에서 국외로 반출을 금지한 도서를 찾는 경우도 있었다. 반출 금지 도서나 서화의 경우 노복에게 개인적으로 구매하

---

1   조선 순조 원년, 청조 가경 6년, 1801년 4월 가경제가 황귀비皇貴妃 유호록鈕祜祿을 황후로 삼고 조선에 칙사를 파견하여 알렸다. 이에 황후 책립을 축하하는 뜻에서 심능건沈能建을 정사로 한 사절단이 북경을 방문했다. 일행은 8월 2일 한성을 출발하여 9월 24일 북경에 도착했으며, 10월 29일 북경을 떠나 12월 8일 한성에 도착했다.

2   천안문에서 1킬로미터 정도 떨어진 선무구宣武區에 위치한 곳으로 주로 골동품이나 서화 등을 판매하는 상점이 자리하고 있다. 동쪽으로 연수사가延壽寺街에서 서쪽 남북류항南北柳巷까지 800미터에 달하는 상점가인데, 원명대에는 국영 가마를 건설하여 황궁에서 사용하는 유리기와를 만들었다.

도록 시켰다. 이전 왕조인 명조와 관련이 있는 서적이나 골동품 및 서화를 구할 때는 상점 주인에게 별도로 연락하기도 했다. 만약 북경에 찾는 서적이나 물건이 없으면 남방의 동업자에게 구입하여 대운하를 통해 배편으로 전달받기도 했다.

때로 사절단의 정사나 부사 등 고위급 사신이 직접 나서지 못하는 경우, 예를 들어 북경 천주당天主堂의 외국 선교사들의 활동 상황을 알아보고자 할 때면 사절단 가운데 비교적 직급이 낮은 이들을 보내 정보를 수집했다. 이는 서방 세계의 구체적인 정세를 알고자 함이었다. 그 밖에도 사절단을 수행하는 자제나 군관이 개인적으로 청조의 궁인에게 궁중의 문서나 부책簿冊[3]을 몰래 구입하여 초록하거나 심지어 몰래 조선으로 반입하여 청조의 국정國情을 살피는 데 쓰기도 했다. 여러 가지 연행 관련 문헌에서 이러한 행태를 어렴풋이 살필 수 있다.

장물을 처리하는 암시장-지안문 밖 싸구려 은 가게

앞서 언급한 것처럼 궁중에서 일하는 이들은 때로 궁중의 물건

---

3   부책은 문서의 일종으로, 문서를 본本, 부簿, 책冊으로 구분하기도 한다.

을 몰래 훔쳐다가 민간에 팔기도 했다. 그렇다면 그들은 어떤 방식으로 궁의 물건을 빼돌릴 수 있었을까? 청조 문헌에서 이와 관련된 몇 가지 사례를 통해 실상을 파악할 수 있다.

문서에는 태감들이 궁의 물건을 몰래 훔치다가 들켜서 처벌을 받은 사례가 기록되어 있다. 여기에 당시 장물을 처리하던 이른바 암시장이 나오는데, 바로 자금성 지안문 밖에 있는 '잡은포자雜銀舖子'이다. 질이 좋지 않은 은을 판매하는 가게가 장물아비들의 소굴이 된 데에는 나름의 이유가 있다.

북경 토박이들은 지안문을 '후문後門'이라고 불렀다(정양문을 전문前門이라고 부른 것과 마찬가지다). 그렇기 때문에 지안문 근처에 있는 만녕석교萬寧石橋도 북경 토박이들은 '후문교'라고 불렀다. 지안문 밖 후문교 일대는 모아호동帽兒胡同⁴과 맞붙어 있는 보군통령아문이 자리하고, 인근에 십찰해什刹海⁵가 위치해 왕부王府나 고급 관료의 저택이 많이 모여 있었다. 또한 유동인구가 적지 않기 때문에 오래전부터 상업이 활발하게 이루어졌다.

---

4   북경의 골목 이름. 북경 고루鼓樓와 지안문 사이에 있다. 청조 마지막 황제의 황후였던 완용婉容이 살던 집을 포함하여 북경의 대표적인 사가원림私家園林이 현존하여 북경 10대 골목 가운데 하나로 유명하다. 호동은 몽골어 gudum에서 유래한 것으로 주로 북방의 골목을 지칭한다. 상해에서는 골목을 리눙里弄이라고 부른다.

5   북경성 인근의 호수로 전해前海, 후해後海, 서해西海로 구분되며 중남해中南海와 이어져 있다. 이전에 10개의 사찰이 있었기 때문에 이런 호칭이 붙었다.

이외에도 궁중의 하급 관리인 호군 시위나 잡역을 맡은 소랍 및 내무부 관원들이 자금성을 출입할 때 반드시 지안문을 통해야 했기 때문에 후문교 일대는 언제나 오가는 이들이 많았다.

사람이 모이면 돈의 왕래도 늘어나는 법이다. 후문교 주변은 상점가로 크게 번창했다. 그러면서 지안문 일대에 잡은포자가 들어서기 시작했다. 이곳이 태감과 궁인이 궁중의 옥기를 비롯한 진열품을 몰래 내다파는 소굴이 된 데에는 이유가 있었던 셈이다.

건륭 29년(1764) 9월 29일 지안문 근처 북해 영안사에 자리한 궁전의 원범각에서 태감, 소랍, 그리고 궁정의 잡역을 맡고 있는 원호 등이 결탁하여 궁 안에 진열되었던 옥기를 몰래 훔쳐 민간에 판매한 사건이 일어났다. 그들은 옥기를 몰래 반출하여 지안문 인근 잡은포자에서 현금으로 바꾸었다(90~91쪽 참조).

『내무부주소당』에는 후궁의 하포荷包(휴대용 주머니) 제작에 필요한 실의 구매 비용과 용역비를 태감이 착복한 기록이 남아 있다. 후궁들이 하포를 제작하며 바느질 작업을 한 것에 대해 지불받는 은량을 태감이 수납하여 착복한 사건이다. 건륭 26년(1761) 12월 20일쯤 내무부 총관이 상주한 바에 따르면, 태감 유진옥劉進玉은 궁중의 경비낭낭慶妃娘娘(낭낭은 황후나 황비의 경칭)의 하포 제작을 맡아 중간에서 부당한 이익을 취했다. 유진옥은 궁중의 융선은량絨線銀兩(실제 구매 비용)과 사단하포絲緞荷包(비단 하포) 제작에 필요한 경비를 착복한 사건을 진술하면서, 자신이 하포 바느질 등을 사사로이 외부의 장인에게 맡겨 처리하고 차액을 편취했다고 자백했다. 그가 진술한 내용에서 과연 궁 밖의 어떤 장인이 그의 부정행위를 도왔는지는 정확히 알 수 없지만 이 사건을 통해서 당시 태감들의 불법 행위에 경성 내 시장 상인들이 협조했다는 사실을 확인할 수 있다.

건륭 39년(1774) 11월 중순 한림원 장원대학사掌院大學士[6] 서혁덕舒赫德이 태감 서귀徐貴가 담비 모피 2장을 몰래 훔친 것에 대해 상주했다. 상주문에 따르면, 그는 담비 모피를 짊어지고 서화문 밖으로 출궁하여 서쪽에 있는 중관둔中關屯(지금의 북경 중관촌中關村 일대)에 내다팔았다. 당시 중관둔 일대는 병들고 연로한 태감들이 출궁하여 노년을 보내는 곳이었다. 자연스럽게 궁중 태감의 왕래가 잦았고 밀매가 성행했으니 태감 서귀가 바로 그곳에서 장물을 처리한 것도 어쩌면 당연한 일이었다.

---

6   한림원翰林院을 관장하는 종2품의 관직이다.

원명원 궁문 밖 장물 시계 판매 사건

옥기나 사단하포 재료 외에도 태감들이 몰래 민간에 판 품목이 적지 않다. 예를 들면 서양 종표鐘錶, 즉 시계가 대표적이다. 도광 연간에는 궁중의 물품을 몰래 민간에 내다파는 일이 심각한 지경에 이르러 황제가 우려를 표했다.

가경 16년(1811) 윤3월 초하룻날 내무부를 관장하는 대신 목극등액穆克登額이 궁전에 진열된 서양 시계가 유실된 사건을 조정에 보고했다. 즉각 관련 태감을 일일이 불러 밤새 심문한 끝에 사건의 전모를 파악할 수 있었다. 그들에 대한 징계가 잇달았지만 그렇다고 도난을 막을 수 있었던 것은 아니다. 이후에도 당직 태감이 서양 시계를 훔쳐 원명원 궁문 밖 중관둔 일대에 파는 일이 그치지 않았다.

『도광조궁중당』 기록에 따르면, 도광 2년(1822) 12월 18일 황제는 총관내무부대신에게 태감이 원명원 궁문 밖에 시계를 판매하는 정황을 엄격하게 사찰하라고 지시했다. 아울러 태감이 원명원 궁문 왼쪽에 다관을 개설하지 못하게 하라고 덧붙였다. 이는 태감들이 궁중 물품을 훔친 정황은 명백하지만 그 배후의 공급지에 대해서는 명확히 단정짓기 힘들다고 여겼기 때문이다. 황제는 태감이 원명원 부근에 다관을 개설한 이유가 단지 차를 판매하여 보잘것 없는 이익을 얻기 위함이 아니라고 여기고 다관 개설을 금지했다. 다관은 본시 많은 이들이 왕래하는 곳이니 장물을 숨겨두고 팔기에 적합한 곳이 아니겠는가?

여러 사건을 통해 우리는 당시 태감들이 궁중의 보물을 훔쳐 사욕을 취했던 상황을 살필 수 있다. 그들이 장물을 처리한 곳은 지안문 인근의 상점처럼 궁에서 멀지 않은 장소였다. 그래야만 장물을 신속하게 현금으로 바꾸어 감찰에 적발될 가능성을 줄일 수 있기 때문이다.

태감과 관련된 각종 사기 및 금전 사건

청조의 태감과 민간인 사이에 벌어진 금전 분규는 매우 다양했다. 전체적으로 볼 때 태감이 돈을 빌린 후에 상환하지 않거나 상품 대금을 제대로 지불하지 않아 외상값이 쌓인 경우, 자신의 권세를 빌려 백성의 재물을 편취한 경우, 금령을 어기고 사사로이 묘지를 매매한 경우, 그리고 도박으로 재산을 탕진하거나 빚을 지고 싸움이 일어난 경우 등이 많았다. 이런 사건이 일어나면 주로 경성의 질서를 책임지는 보군통령아문에서 관련자를 체포하여 조사했다.

중국 고궁박물원 제1역사당안관에 소장되어 있는 『군기처당전종軍機處檔全宗·녹부주접錄副奏摺』을 보면 이와 관련된 기록이 적지 않다. 건륭 39년(1774) 8월 초여드레, 이부 좌시랑左侍郞 매랍손邁拉遜이 태감 양국태楊國泰가 해성海成의 은량을 편취했다고 상주했다. 건륭 42년(1777) 병부상서 복륭안福隆安도 태감 장진성張進成이 궁 밖에서 밀가루 상납을 요구했다고 상주했다. 기록을 통해 당시 태감들이 궁궐 밖에서 상인들과 종종 다툼을 벌였다는 사실을 확인할 수 있다. 다툼은 주로 태감이 권세를 이용하여 물건을 강제로 요구하거나 재물을 편취했기 때문에 일어났다.

도광 20년(1840) 3월 5일 보군통령 혁경奕經이 상주한 내용 역시 이와 유사한 사건이다. 태감 사진폭史進幅 등이 사람들을 꾀어 도박장을 개설하고 도박에서 진 사람들에게 빚을 갚으라고 독촉했다. 중추절 무렵에는 경사의 순찰이 강화되면서 보군통령 융문隆文이 민간의 의복을 편취하여 태감들에게 나누어준 후에 그것을 판매하게 한 혐의자를 체포했다.

『군기처당전종·녹부주접』 함풍 10년(1860) 3월 하순의 기록에는 북경 동성東城을 순시한 감찰어사 육통毓通의 상주문이 나온다. 이에 따르면, 경성 동사패루에서 선방線坊(실을 만드는 공방)을 경영하는 상인 이대李大가 태감 한진희韓進喜를 고발했다. 이 사건에 나오는 '이대'라는 이름에서 우리는 그가 경성에서 자신의 노동력으로 생계를 유지하는 일반 백성임을 알 수 있다. 백성들의 경우 성

뒤에 '대'를 붙이는 경우가 흔했기 때문이다. 예를 들어 앞서 언급
한 여우 귀신 사건에 나오는 형대(74~76쪽 참조)도 그러하다. 그는
향을 피워 점을 치고 병을 치료하며 생계를 유지했는데, 이 역시 출
신이 미천한 자들이 주로 종사한 일이었다. 이대는 수공업으로 근
근이 생계를 유지하는 평범한 백성 가운데 한 명이었다. 태감은 이
처럼 권세도 없고 재물도 없는 이들을 속여 금전을 편취한 것이다.
고발장이 접수되어 일련의 조사와 심문을 거친 후 태감 한진희는
형부로 이송되어 엄한 형벌을 받았다. 이상의 기록을 통해 우리는
당시 궁중의 태감과 경성의 중하층 백성이 여러 형태로 접촉하면
서 재물에 얽힌 크고 작은 갈등이 벌어졌음을 알 수 있다.

도박 중독으로 목숨까지 잃은 태감들

  궁중 생활은 딱히 재미라고 할 것이 없고 따분했다. 특별한 흥미
나 취미가 없었던 수많은 태감 중에는 도박에 중독된 자가 적지 않
았다. 도광 16년(1836) 10월 초이레, 태감 장진충張進忠이 도박으로
체포되자, 당시 궁중 사무를 관장하고 있던 총관태감總管太監 장이
한張爾漢이 관원 기영耆英 등에게 장진충의 석방을 간청했다. 이 사
실이 궁중에 퍼져 결국 함풍제의 귀에 들어갔다. 격노한 함풍제는

특별히 유지를 내려 엄격하게 조사하여 처리하라고 지시했다. 그는 태감 장진충이 도박 혐의로 체포되었을 때 총관태감 장이한이 엄격하게 조사하지 않고 오히려 석방을 간청한 것도 잘못되었고, 기영 역시 부정을 단호하게 거절해야 함에도 불구하고 오히려 청탁을 들어주어 범인을 석방했으니 이 또한 잘못이라고 단언했다. 마지막으로 황제는 사사로운 정에 얽매이는 것은 졸렬하고 저열한 행위라고 하면서 반드시 엄하게 책임을 가린 후 처벌하라고 지시했다.

형벌이 준엄했음에도 불구하고 태감의 도박 행위를 근절하기는 힘들었다. 도박을 한 죄를 피하기 위해 궁중에서 도망친 태감이 민간에서 또다시 도박을 하다가 체포된 경우도 있었다. 황망한 도망길에서도 도박을 잊지 못한 이들의 이야기에 실소를 금할 수 없다. 문득 김용金庸의 소설 『녹정기鹿鼎記』에 나오는 위소보韋小寶도 그런 도박꾼이었다는 생각이 든다. 도박에 빠진 태감들은 궁중의 살벌한 금령을 위반하는 것조차 아랑곳하지 않았다. 『사어소장내각대고당안』에 따르면, 도광 14년(1835) 2월 중순 직예총독이 도주한 태감 왕희수王喜壽를 체포했다. 태감 왕희수는 도망치는 와중에도 민간인들과 도박판을 벌였다. 태감은 임의로 민간인과 접촉할 수 없는데, 그는 사사로이 어울린 것도 모자라 그들과 밤새도록 도박을 했다. 결국 그는 도박판에 있던 이들과 함께 체포되어 벌을 받왔다.

십도구수十賭九輸, 즉 10번 도박을 하면 9번 잃는다는 말이 있다 시피 도박에 중독되면 인생 말로가 불행할 수밖에 없다. 도박에 빠진 태감은 항상 돈이 부족하였기에 궁중의 전표錢票를 훔치기 일쑤였다. 만약 도둑질이 발각되어 관부에 체포되면 법률에 따라 교수형에 처했다. 그야말로 도박에 목숨까지 건 셈이다. 『함풍조궁중당주접』에는 함풍제 시절 내무부에서 태감들이 전표를 훔쳐 도박을 한다고 보고하자 황제가 특별히 지의旨意(황제의 어명, 성지聖旨)를 내린 내용이 실려 있다. "태감들이 계속해서 도둑질을 한다고 하니 사건에 관련된 주폭희周幅僖, 사문지謝汶至 등을 모두 교감후絞監候로 바꾸고 가을에 처결 여부를 다시 논의하여 시행토록 하라."

함풍제는 비시批示(서면 지시)로 관련자를 가중 처벌하라고 지시하는 한편 연루된 태감들을 교감후에 처하고 가을에 재심의를 통해 처형 여부를 확정하도록 지시했다. 한 번 도박에 빠지면 신선도 구제할 수 없다는 말이 있다. 일단 도박에 중독되면 절도는 물론이고 심지어 자신의 목숨까지 잃는 일이 다반사였다. 이는 당시 궁인들의 무료한 삶을 반영하는 현상이자 개인에게는 인생의 불행한 장면이기도 하다.

남해 보타산 - 태감의 신앙 세계와 정신적 위로

궁중의 태감은 규정에 따라 관원과 친구가 될 수 없으며, 임의로 궁 밖으로 나가지도 못한다. 하지만 아무리 제도가 엄격하다고 할지라도 결함이나 맹점이 생기게 마련이니 권세에 빌붙어 이익을 얻는 경우도 있고, 뇌물을 쓰고 부정행위를 하는 일도 적지 않았다. 태감은 주로 출장을 빙자하여 바깥사람을 사귀거나 가족을 만나곤 했다. 심지어 틈을 엿보아 궁 밖으로 도주하는 일도 있었다. 그들 가운데 어떤 이는 무료와 허무를 참지 못해 도박에 빠지기도 했고, 또 어떤 이는 신앙 문제로 궁 밖으로 뛰쳐나가기도 했다.

『임안구공당林案口供檔』에 민간 비밀종교인 '무생노모無生老母', '삼겁윤체三劫輪替'에 대한 기록이 남아 있다. 태감 중에는 경건한 불교 신도도 있었는데, 그들은 남해 보타산普陀山에 가서 향불을 올려야만 필생의 염원을 이룰 수 있다고 믿었다. 과연 그들의 마음 상태가 어땠을지 지금의 우리는 짐작하기 어렵다. 고금과 동서를 막론하고 누구나 꿈 하나씩은 꾸기 마련 아니겠는가? 남해 보타산에 가서 향불을 올린다고 삶이 바뀌지는 않을 것이다. 하지만 불교의 윤회사상에 따라 이번 생에 선행을 쌓으면 다음 생에 좋은 인연으로 새 삶을 살 수 있지 않겠는가? 이런 면에서 본다면 그들에게는 멀고 먼 남해로 떠나는 일이야말로 인생의 몽상이자 아름다움이지 않았겠는가!

중국 제1역사당안관에 소장된 『궁중당전종宮中檔全宗』을 보면, 태감이 도주하여 남해 보타산으로 가서 향불을 올린 두 가지 사건에 대한 기록이 나온다. 첫 번째 사건은 옹정 원년(1723) 정월 29일에 발생했다. 당시는 명절 기간인 데다 옹정제가 새로 황제의 자리에 올라 태평성세의 분위기가 무르익고 있었다. 그때 절강순무인 이복李馥이 절강 경내에서 도주한 태감 정진충鄭進忠을 체포했다고 조정에 보고했다. 그런데 심문 과정에서 정진충은 자신이 사사롭게 출궁한 것이 아니라, 강희제의 어명을 받든 흠명차사欽命差事로 특별히 남해에 진향進香하러 가는 중이었다고 진술했다.

절강순무 이복은 정진충이 진술한 내용의 진위를 파악할 수 없었기 때문에 상주문을 올려 조정의 지시에 따라 처리하기로 했다. 이후의 상황에 대한 언급이 없기 때문에 이 사건의 결론이 어떻게 났는지는 확인할 수 없다. 다만 그가 진심으로 남해 보타산에 가서 향불을 올리려고 한 데에는 무언가 강렬한 동기가 있었음을 짐작할 수 있다.

그리고 다시 100년이 흐른 도광 5년(1825) 정월 초하루, 내각대학사 조진용曹振鏞이 태감 마장희馬長喜의 도주 사건을 조정에 상주했다. 이에 따르면, 마장희는 차표差票[7]를 날조하고 파견 관원의 관복을 입은 채로 강소江蘇 양선糧船(식량 운반선)의 노동자인 교봉양

喬鳳樣과 호조원胡祖源의 도움을 받아 배를 타고 대운하를 따라 남하하여 남해 보타산으로 가려고 했다. 그러나 도광 4년(1824) 10월 21일 강소순무 장사성張師誠에게 체포되고 말았다. 이상의 두 사건은 시간적으로 100년이나 차이가 나기는 하지만 태감의 목적지가 남해 보타산이라는 불교 성지였다는 점에서 일치한다.

어쩌면 이는 우연이 아니라 내재적인 종교 문화의 영향을 받은 것일 수도 있다. 그들이 궁궐에서 도주한 이유가 정신적으로 뭔가를 갈구했기 때문일 수도 있다는 뜻이다. 태감들은 궁인으로 현세를 살아가는 운명이지만 경건한 예불을 통해 복덕을 쌓아 보다 나은 내세를 기원했을지도 모른다. 그들의 마음속에는 현세의 고단하고 불행한 삶에서 벗어나 평범하고 단순하며 행복한 삶에 닿고 싶은 간절한 희구가 있었을 것이다.

---

7   일종의 출장 증명서이다.

제9장

짐이 머무는 곳이
어찌 이리 소란한가

궁 안에 사는 궁외인

청대에 궁정과 황가원림의 경비가 허술한 탓에 태감이 가족과 지인을 데리고 입궁하는 일이 종종 발생했다. 대부분의 경우 황제는 이런 사소한 일은 알지 못했지만 언제나 예외가 있었으니, 가정 연간에 자금성 어선방御膳房(황실의 식사를 준비하는 주방)에서 벌어진 사건을 예로 들 수 있다.

그중 하나가 『사어소장명청내각대고당안』에 기록되어 있다. 사건은 가경 8년(1803) 윤2월, 원명원의 '옥란당玉瀾堂'에서 발생했다. 그날 가경제는 옥란당에서 식사를 하며 몇몇 대신과 정사를 논하고 있었다. 그런데 아마도 입궁한 지 얼마 되지 않아 규칙을 잘 몰랐을 태감과 원명원에서 기숙하며 잡역을 하던 일반인 몇 명이 겁도 없이 황제와 대신 앞으로 지나갔다. 황제가 격노하여 이 일을 관장하던 삼산대신三山大臣 온포縕布와 액륵포額勒布를 호되게 질책했다.

그 사건의 이회移會(관부의 문서)에 가경제의 훈계가 그대로 적혀 있다. "짐이 대신을 접견하는 자리에 어찌 관계없는 자가 오가는 가."

이 문헌에는 청대 궁중에서 황제가 식사를 할 때나 식사하며 정사를 논할 때 태감, 궁녀, 심부름꾼의 행동에 대한 규정도 적혀 있으니, 이들은 반드시 옆이나 뒤에서 시중을 들 뿐 함부로 공간을 종횡할 수 없었다. 어찌되었거나 황가의 용선은 매우 중요한 일로 착오가 있어서는 안 되며 또한 심부름을 하는 사람들이 함부로 국가의 대사를 들어서도 안 되는 일이었다.

강희 연간의 상주문에도 용선방과 관련된 이야기가 기록되어 있다. 태감 위옥魏玉이 '호면好麵'과 '차면次麵'을 섞어서 무게를 속이고 기장쌀을 몰래 훔쳐 다른 곳으로 가져가서 나눠 먹는 일이 발생했다. 가경 10년(1805) 2월 하순에는 이미 면직당한 원호 주투아周套兒가 동료 곽용부郭勇富와 함께 창춘원에 진열된 물건을 훔친 일도 있었다. 사건이 발각된 후 주투아는 즉시 처형되었고, 곽용부는 흑룡강으로 유배되어 군영의 노예가 되었다. 또한 그날 야간 순찰과 방위를 책임졌던 원호들은 직무유기로 처벌을 받았다.

몰래 입궁한 태감의 가족과 친지

원명원의 잡역을 맡았던 일반인들 이외에 궁중에는 태감이 몰래 데리고 들어온 가족도 있었다. 가경 연간에 어선방 태감총관이 어선방의 모 태감이 아들과 조카를 몰래 데리고 들어왔다는 상주문을 올린 일이 있다. 이후 가경 15년(1810) 6월 12일 인시, 이들은 자금성 외선방外膳房[1] 우물에 투신하여 사망했다. 이 소식을 들은 가경제가 격노하여 당일 당직을 선 패륵貝勒 영천永琄에게 감봉

1년의 처벌을 내렸다. 또한 다른 관원들에게도 처벌이 내려졌는데 그중 내무부에 숙직하던 사원司員 등을 이부로 이송하기도 했다.

어선방의 우물은 황가의 음식을 만드는 데 쓰는 매우 중요한 장소이다. 만약 누군가 그곳에 투신해 죽었다고 하면 어떻게 그 우물을 사용할 수 있겠는가? 그런데 이 사건에는 의심스러운 부분이 많다. 예를 들면, 궁중의 어선방에 왜 외부인이 기거를 했는지, 그는 대체 왜 새벽에 우물에 투신을 했는지 등이다. 애석하게도 이에 대한 정확한 답은 찾을 수 없었다. 유일하게 알 수 있는 상황은 어선방에 외부인이 기거했다는 것과 그들에게 무슨 문제가 생겼을 경우 목숨을 내놓아야 했다는 것뿐이다.

이 밖에 『형안회람』에도 태감이 궁에 외부인을 기거하게 한 사건이 나온다. 가경 27년(1822) 7월에 반역자의 후손인 태감 임표林表, 임현林顯 형제가 명을 어기고 황제의 측근시종 관원과 사적으로 교류하였으며(86쪽 참조), 대만에서 북경으로 친족을 만나러 온 육친 유벽옥劉碧玉을 원명원의 복원문福園門 밖 화동花洞에 머무르게

---

1   궁중의 음식은 내무부와 광록사光祿寺에서 관리했으며, 그 아래 어선방御膳房(황제의 음식 조리), 어다선방御茶膳房, 수선방壽膳房(태후의 음식 조리), 외선방外膳房, 내선방內膳房, 황자반방皇子飯房, 시위반방侍衛飯房 등이 설치되어 있었다. 궁내에는 두 곳에 선방이 자리했는데 경운문景運門 밖의 선방은 외선방 또는 어다선방이라고 했으며 주로 군신들과 연회를 할 때 '만한전석滿漢全席'을 준비했다. 다른 한 곳은 오로지 황제를 위한 '대내어선방大內御膳房'으로 양심전 옆에 있었다.

하는 한편 북경에 임시 거처를 마련해준 사건도 있었다.

복원문 내 동사소東四所는 황자들의 원명원 내 거처였다. 건륭제가 일찍이 『원명원사십경도영圓明園四十景圖詠』 중 일경인 '동천심처洞天深處'의 어제御製 시문에 이 장소가 "우리 형제가 옛날에 책을 읽던 곳"이었다는 구절이 나온다. 당연히 이 일대의 안전이 매우 중요하였는데, 어찌 외부인을 불러올 수 있단 말인가? 이는 매우 중대한 사안이었기에 관에서 사건을 자세히 조사하였고, 그 결과 태감이 자신의 가족을 입궁시켜 머무르게 한 증거가 밝혀져 지금까지 전해지게 되었다.

장역[2], 조역, 매매인, 성의인[3]

자금성은 일반적으로 생각하는 것처럼 관리가 삼엄했던 궁성이 아니며, 또한 그곳은 황제와 태감, 궁녀가 아닌 다양한 사람들이 함께 생활하던 곳이었다. 다양한 상품을 조달하는 상인과 각종 장인 기술자들이 궁정의 일상생활을 보조하며 왕조의 핵심 부서에

---

2   匠役. 관아나 환관 집에서 일하는 장인.
3   成衣人. 재단사 또는 옷 제작자.

필요한 물질적 지원을 제공했다. 청조의 문서 기록을 살펴보면 자금성의 유동인구에 대한 기록이 구체적으로 나와 있다.

예를 들어 건륭 27년(1762) 12월 기록에는 양황기 호군통령이 올린 공문이 실려 있다. 그 내용인즉, 석옥石玉이란 사람이 마음대로 자금성 안으로 들어와 술을 팔았다는 것이다. 속담에 '목을 베는 장사는 해도, 밑지는 장사는 하지 않는다'라고 하지 않았는가. 당연히 자금성에도 밀주를 팔아 돈을 버는 사람이 있었다. 앞에서 말한 궁궐 경비에 얽힌 사건 중에도 술에 취해 소란을 일으킨 경우가 많았다. 술을 마신 이가 있다면 당연히 그것을 판 이도 있으리라.

『사어소장명청내각대고당안』에는 가경 연간에 수차에 걸쳐 궁궐 경비를 점검한 내용이 실려 있는데, 그 후 도광 연간에도 일반인이 마음대로 자금성 궁문을 출입한 기록이 남아 있다.

도광 19년(1839) 9월 하순, 형부에서 상주문을 올려 마이격馬二格이란 자가 최근 궁정의 연차 수리 공사가 시작됐다는 정보를 얻고 장인들에게 공사에 쓰고 남은 목재를 판매한 사건을 보고했다. 마이격은 유상劉祥과 함께 제멋대로 서화문 안으로 들어와 장사를 했는데, 융종문 밖에서 유상과 언쟁을 벌이다가 그를 때려 상해를 입힌 뒤 체포되었다. 마이격은 법에 따라 곤장 100대를 맞고 3,000리 밖으로 유배되었다. 한편 유상 역시 곤장 100대에 처해졌다. 이 사건은 궁문에 대한 경비가 얼마나 허술했는지를 보여주는 동시에 궁정에서 쓰고 남은 목재에 상인들이 눈독을 들였다는 사실을 말해준다.

장인과 장사꾼들이 잇속을 챙기는 바람에 서화문 안이 목재 시장으로 변했다. 심지어 매매가 의도대로 이루어지지 않자 융종문 앞에서 싸움을 벌이기도 했다. 이 사건의 후속 처리로 총관내무부 대신 혁기奕紀가 상주문을 올려 서화문 당직 주임 문림文霖을 감봉 6개월에 처하고, 나머지 관련자에게는 채찍 60번의 처벌을 내렸다.

이와 유사한 사건이 여러 건 있다. 옹정 12년(1734) 9월 18일 즈음, 호군교護軍校[4] 등이 일반인 왕덕의王德義를 서화문 안으로 들여 보내 장사를 하도록 했다. 도광 12년(1832) 12월 초여드레에는 호부상서 겸 형부의 사무를 책임지고 있던 왕정王鼎과 총관내무부대신 혁기 등이 상주문을 올려 동화문 당직 장경章京 부니아항아富呢雅杭阿와 호군참령護軍參領 쌍성雙成 등의 관리 소홀로 인해 일반인 왕량王亮이 진시에 궁궐 안으로 들어온 사건을 알렸다. 무직인 왕량은 담을 넘어와 살마방薩瑪房[5]에 이르러 관방의 자물쇠를 강제로 열고 재물을 훔치려고 했다.

이 사건이 적발되어 심문이 이루어진 후, 당직이었던 장경 부니

---

4 내무부 군영의 하급 군관이다.

5 살마는 만주어로 샤만saman으로 쓰며 무당을 말한다. 만주족의 신앙인 살만교薩滿敎를 뜻하며, 만주족은 제사를 지낼 때 노래하거나 춤을 추는 전통이 있었다.

아항아, 호군참령 쌍성 두 사람은 면직과 함께 형부로 넘겨져 1급 강등의 처벌을 받았다. 한편 왕량은 법에 따라 곤장 100대를 맞고 2,000리 밖으로 쫓겨났다. 도광 18년(1838) 11월 25일 즈음에는 동화문 밖에서 음식점을 운영하던 송현근宋賢勤이 자금성에 난입하는 사건도 발생했다. 이와 같은 크고 작은 사건들은 자금성 안에 궁 바깥의 사람들이 수시로 들어왔음을 말해준다.

청나라 궁중 조판처의 다양한 수공장인

궁중에서 사용하는 각종 목재들 이야기가 나오면 자연스레 궁중의 각종 일상품, 예술장식품, 어용 자기, 크고 작은 가구, 각종 감상용 기물 등을 공급하는 조판처를 떠올리게 된다. 조판처는 간단하게 말하면 대형 '황가 어용 공장'이라 말할 수 있다. 청대 궁궐의 조판처는 전성기에 수공업장이 42곳에 달했으며, 전국에서 다양한 장인을 모아 여의관如意館, 금옥작金玉作, 주로처鑄爐處, 조종처造鐘處, 서원처書院處, 포창처抱槍處, 수활처繡活處, 안갑작鞍甲作, 법랑작琺瑯作, 파리창玻璃廠, 동작銅作, 갑표작匣裱作, 유목작油木作, 등재작鐙裁作, 회두작盔頭作 등의 다양한 작업장을 운영했다.

『조판처활계당造辦處活計檔』의 기록을 통해 우리는 뛰어난 공예

기술을 지닌 궁중 장인의 생활 및 예술품에 대한 황제의 조예, 매일 황제가 원하는 기물들의 제작을 요구하고 이를 수정하느라 바빴던 태감들의 일상을 엿볼 수 있다.

『양심전조판처사료집람養心殿造辦處史料輯覽』에 건륭 10년(1745) 11월 초하루의 상세한 작업 상황이 기록되어 있는데, 태감 호세걸胡世杰이 전달한 괘병掛屏[6] 모양 및 건륭제의 지시 등을 확인할 수 있다.

건륭 10년 11월 초하루, 칠품수령七品首領 살목합薩木哈이 와서 말하길, 태감 호세걸이 백단향 테두리가 박힌 횡피괘병橫披掛屏 한 점, 백색 선지宣紙[7] 도산桃山[8] 한 장, 대자對子(대련) 한 장을 바쳤다고 했다. 이에 황제의 유시諭示를 전달한다. 화병에 그린 문양에 따라 선지 한 폭에 도산 한 장을 그리게 하고, 바깥 테두리 공백은 손가락 너비 하나로 하고, 안쪽 문양의 공백 역시 손가락 너비 하나로 하며, 그 안에 있는 화심畫心도 모두 그대로 따라 그리도록 하라.

---

6 실내 벽에 거는 세로로 긴 액자, 병풍과 비슷하다.
7 전통적으로 서화에 사용되는 종이로 당대 경현涇縣에서 생산되었다. 경현이 선주宣州 관할이기 때문에 '선지'라는 이름이 붙었다.
8 대청 정면에 걸려 있는 서화 양옆으로 걸리는 대련 한 쌍을 말한다.

건륭 10년 11월 초이레에도 관련 기록이 남아 있다. 이 기록에는 건륭 황제가 조판처에 내린 〈구구소한도九九消寒圖〉 괘병에 대한 지시가 들어 있다. 〈구구소한도〉 괘병은 세말의 세시풍속 가운데 하나이다. 연말이 되면 일반 백성들은 전통에 따라 〈구구소한도〉를 그 해가 끝날 때까지 걸어놓고 매일 한 획씩 더하면서 81(9×9)일째 되는 날 비로소 그림을 완성한다. 이렇게 그림이 완성되면 어느새 겨울이 지나고 따뜻한 봄날이 찾아온다. 청나라 궁중에도 이런 풍속이 있었으니, 건륭제는 조판처에 명을 내려 소한도 괘병 몇 점을 제작하게 했다. 〈구구소한도〉는 매일 새로 한 획을 그려 넣어야 했기 때문에 선지를 꺼낼 수 있도록 특별히 고안된 괘병이 필요했다. 이에 건륭제는 특별히 세세한 부분까지 지시하는 한편, 궁인들에게 괘병을 양심전, 홍덕전弘德殿, 건청궁, 중화궁重華宮 각 처소에 걸도록 했다.

> 건륭 10년 11월 초이레, 사고司庫 백세수白世秀, 부최총副催總[9] 달자達子가 들어와 태감 호세걸에게 〈소한도고消寒圖稿〉 2장을 바쳤다고 말했다. 이에 황제의 유지를 전달한다. 〈채승괘병도彩勝掛屛圖〉 2점을 제작하여, 화훼도는 양심전 동난각東暖閣에 걸고, 인물도는 홍덕전

---

9   최총은 청조 내무부에 소속된 관직으로 각종 관복이나 기물 등을 제작하는 임무를 맡았다.

추림독일처秋林獨逸處에 걸도록 하라. 그림 2장을 교부할 때 괘병 2점도 같이 만들어 건청궁 동난각에 한 점을 걸고, 중화궁 노안화처蘆雁畵處에 한 점을 걸도록 하라. 〈구구도(구구소한도)〉를 만드는 데 최선을 다하라. 흠차欽此[10]. 이달 초아흐레 사고 백세수, 부최총 달자가 〈소한도〉를 탑처럼 세워 서랍을 빼내는 것처럼 선지를 꺼낼 수 있도록 만들어 태감 호세걸에게 살펴보도록 했다. 황제의 유지를 받들어 모든 것은 관례대로 능견綾絹으로 만든다. 흠차. 황제의 유지를 전달한다. 대자對子 화축畵軸을 더 걸어놓을 곳이 있으니, 비단으로 테두리를 장식한 괘병 2점을 더 만들어 때에 맞게 건청궁에 한 점을 걸도록 하라. 흠차. 11월 동짓날 사고 백세수, 부최총 강석强錫이 금벽자錦壁子(비단 벽지)를 만들고 능견에 〈구구소한도〉를 그린 조병吊屛(표구한 병풍) 4점을 가지고 들어와 장소에 맞춰 모두 걸었다.

어명을 따르기 위해 조판처에서는 갖은 방법을 동원해 마침내 황제의 지시대로 작품을 만들었다. 조판처 장인들이 움직이는 서랍식 액자를 만들어 황제에게 보이니, 황제가 이를 흡족히 여겼다. 장인들은 동지가 되기 전에 최선을 다해 황제가 내린 임무를 완성했다.

궁중의 장인들은 황제의 지시를 실행하기 위해 각종 공예에 지

---

10 조서를 끝내는 말로, 이상을 준수하라는 뜻이다.

혜와 노력을 기울였다. 또한 기록에 이에 관련된 궁중 사람들의 이름을 남기니, 이후 그들의 흔적을 발견할 수 있는 계기가 되었다.

이 밖에 청 왕조의 후궁에도 재봉 일을 하던 궁인들이 있었다. 그들은 후궁 비빈을 위해 수공으로 비단 하포 등 다양한 장식물을 만들었다. 궁중의 복식에서 하포는 없어서는 안 되는 장식물이었기 때문에 이와 관련하여 태감이 탐욕을 부린 사건이 발생했는지도 모른다.

『내무부주소당』에 후궁 '하포두아荷包頭兒'의 작업비와 재료비를 태감이 빼돌린 기이한 사건이 기록되어 있다. 건륭 26년(1761) 12월 20일 무렵 세말의 일이다. 내무부 총관이 상주문을 올려 태감 유진옥이 '하포' 심부름을 하던 중 어부지리를 얻은 사건의 전말을 취조한 내용을 보고한 바 있다(140~141쪽 참조). 유진옥은 평소 경비慶妃의 바느질 수공예품 관리 및 크고 작은 하포 제작을 맡고 있었는데 매년 제작 수량에 따라 관례대로 실 값을 궁궐의 하포 제작을 맡았던 하포두아 손孫씨 부인에게 건넸다고 했다.

태감 유진옥은 건륭 25년에 경비가 준 실 값 41냥을 전액 하포두아 손씨에게 줘야 했는데 15냥만 주고 26냥을 착복했다. 건륭 26년까지 경비 처소에서 하포를 만들 재료를 내려보낸 일이 모두 774건, 그 가격이 은 58냥이다. 손씨는 작년의 비용이 모두 들어오지 않았다며 물건을 428개만 보내고 364개는 내주지 않았다. 유진옥은 여러 차례 독촉을 했지만 손씨는 은량을 받은 후에 나머지 하포를 주겠다고 했다.

태감 유진옥은 재물을 탐하여 손씨가 맡은 궁중 작업에 대한 은 12냥 2전 및 최근 2년의 제작비 95냥 2전을 모두 착복한 후 궁 밖에서 별도로 작업할 사람을 구하니 금액은 18냥 1전밖에 필요하지 않았다. 유진옥은 자신의 파렴치한 행동을 숨기기 위해 손씨 집에 불이 나서 궁에서 내린 하포 재료가 모두 불탔다고 거짓말을 했다.

유진옥은 공술을 통해 경비가 이 일을 알면 분명히 하포두아 손씨에게 은상을 내릴 것이며 그렇게 되면 자신도 이득을 취할 수 있으리라 여겼다고 말했다. 12월 14일, 유진옥은 궁 밖에서 60개의 하포 재료를 구해와 '타탄他坦'에 놓아두니 재료 하나의 가격이 3전 5분分이며, 큰 하포 한 개의 봉제 가격은 1냥 1전, 작은 하포의 봉제 가격은 5전이었다. 하급 태감인 수아壽兒가 이를 경비에게 보이고 그중에 골라 사용토록 했다. 과연 12월 16일, 경비가 다시 유진옥을 불러 하포 재료 41개를 줬다. 유진옥은 새로 재단된 하포 재료를 잠시 타탄에 두고 궁 밖에서 사람을 찾아 봉제를 맡기려 했다.

나중에 사건의 전모가 드러났다. 내무부는 유진옥을 취조하여 치죄하고 아울러 타생오랍打牲烏拉으로 고차苦差[11]하도록 주청했다.

---

11 힘들고 험한 곳으로 파견됨을 뜻한다.

청 왕조의 문서에 나오는 '타탄'이란 단어는 만주어의 음역으로, 태감을 위해 후궁에 마련한 임시 휴식 공간을 의미한다. 그런데 이 당직자 숙소에 종종 외부인이 와서 기거하였으며, 나중에 함풍제가 이 사실을 알고 주의를 주기도 했다.

함풍 3년(1853) 3월에 황제는 조서를 내려 수공업자들이 함부로 자금성 안 공공 숙소에 기숙하지 않도록 경비를 강화하라고 명했다. 함풍제는 같은 해 4월에도 황궁 내 6개의 궁을 언급하면서 '성의지인成衣之人'이 자주 궁궐 내 타탄에 기숙한다는 말을 했다. 여기서 성의지인이란 수공업자 가운데 옷을 재단하고 만드는 사람을 일컬을 가능성이 많다.

황실의 옷을 만들기 위해 소주蘇州 직조織造는 매년 강남에서 북경으로 각종 의복 제작용 천을 보냈다. 『소주직조주소을미운지임인운직조단필료등항전량황책蘇州織造奏銷乙未運至壬寅運織造緞匹料等項錢糧黃冊』에 황가에서 사용하던 천의 항목이 기록되어 있다. 예를 들어 광서 22년(1896)의 운송 품목에는 '팔사지융권백아삼윤색오조정면룡각색만장포捌絲地絨圈白牙參潤色五爪正面龍各色滿粧包', '팔사지융권백아조윤색오조정면룡대홍만장포捌絲地絨圈白牙爪潤色五爪正面龍大紅滿粧包', '팔사지융권백아삼윤색오조정면룡각색망란단捌絲地絨圈白牙參潤色五爪正面龍各色蟒襴緞', '팔사지융권백아조삼윤색팔보오조소단룡각색장단捌絲地絨圈白牙爪參潤色捌寶五爪小團龍各色粧緞',

'차개용유포우복遮蓋用油布雨袱', '장성의물용피포상裝盛衣物用皮包箱' 등이 포함되어 있다.

위에서 언급한 상인, 술 파는 사람, 장인, 장사꾼, 옷 만드는 사람, 태감과 그들이 들인 양자, 태감의 가족과 친척 이외에도 서판書辦(서리), 필첩식筆帖式[12], 조역皀役 등이 모두 궁에 출입했다. 궁궐 안팎의 모든 관청은 문서를 모사하는 일이 많았기 때문이 대부분 조역을 두었다. 심부름을 하던 조역들은 궁궐을 출입할 때 허리에 패를 달아야 했다. 그런데 가경 연간에 병부, 이부, 예부 등에서 문서 절도 사건이 발생했으며 그 사건 기록에 종종 조역과 그 친속들이 궁에 출입한 내용이 남아 있다.

이 밖에 조선의 사신이 편찬한 『연행록』에도 북경에서 관아 문서를 파는 사람을 만났다는 이야기가 기록되어 있다. 현재 이에 대한 상세한 내용은 알 길이 없다. 그러나 확실한 사실 하나는 궁중의 일상을 관리하는 일이 결코 쉽지 않았기에 항상 허점이 있었다는 것이다. 다른 각도에서 본다면, 자금성 안에서는 황제와 관료만이 아니라 다양한 집단에 속한 보통 사람들이 엄격한 규정과 법률을 지키며, 때로는 그것을 어기며 서로 관계를 맺고 살고 있었다.

---

12 필첩흑笔帖黑이라고도 한다. 청대에 문서를 담당한 하급 관리로 주로 만주어 및 한문을 모사하거나 번역하는 일을 맡았다.

청 궁궐의 '하포'

하포는 만주어로 만주족이 초원에서 말을 타며 활을 쏠 때 허리에 차고 다니던 염낭을 말한다. 원래 화살덮개를 담거나 행군할 때 먹을 것 등 잡동사니를 넣던 주머니였다. 만주어 가운데 '하포를 포장하다荷包裹裝(fadulambi)', '하포에 담다使裝荷包(fadulabumbi)'라는 말을 통해 하포가 명사에서 동사로 바뀐 사실과 원래의 용법을 알 수 있다. 그러나 시대가 변함에 따라 궁중에서 사용하는 장신구를 지칭하는 말로 다시 바뀌었다. 하포는 대부분 아름답게 자수를 놓았고, 견직물의 디자인이 풍부해지면서 점차 의복에 필수불가결한 장신구로 자리 잡았다.

'타탄'

'타탄'은 만주어의 음역이다. 일본학자 하네다 도루羽田亨의 『만화사전滿和辭典』과 야마다 쓰네오山田恒雄의 『만주어문어사전滿洲語文語辭典』의 풀이에 따르면, 이는 야외에 임시로 마련된 천막 공간을 뜻한다. 이와 유사한 어휘로 '코론 타탄'이 있는데, 나무로 지지대를 만든 천막 비슷한 작은 공간을 뜻한다. 청조의 문서에 나오는 '타탄'은 태감과 궁인들에게 임시로 제공되던 작은 집을 가리킨다.

제10장

소인의 출궁을
허락해주시옵소서

태감의 도주 사건

청대 필기소설筆記小說[1]을 살펴보면 청대 초기에는 태감에 대한 황제의 경계심이 상당히 높았음을 알 수 있다. 소련昭槤의 필기소설인『소형잡록嘯亭雜錄』권1「불용내감不用內監」에는 궁정에 대한 구체적인 내용이 실려 있다.

예를 들어 태감이 정부의 행정문서가 전달되는 과정을 알고 있는지 알아보기 위해 건륭제가 상주문을 올리는 태감의 성을 모두 '왕王'씨로 바꿔놓은 일도 있었다. 이처럼 관리의 대상이 되었던 태감들은 외조의 관리와 왕래하다 발각되면 엄벌에 처해졌다. 비록 문헌의 내용이 정확한지 대조하여 확인할 길은 없으나 소련이 청조 종실의 구성원이었던 것을 고려하면 그의 기록에는 실제가 어느 정도 투영되어 있을 것이다.

청조는 행정문서를 엄격하게 관리했다. 청의 황제들은 명조 당시 태감이 권력을 잡고 조정을 위태롭게 만들었던 역사를 경계하며, 그들의 정치 개입에 상당한 두려움을 가지고 있었다. 이에 종실의 친왕이 내무부대신을 맡아 태감의 크고 작은 사무를 관리하는 특수한 제도를 마련하였다. 또한 교태전에 철패를 만들어 내관 태감들에게 정사 개입을 불허한다는 경고의 메시지를 전했다. 그

---

1 문언으로 쓴 단편적인 이야기를 말한다. 위진魏晉 시대에 처음 나왔으며, 지인志人과 지괴志怪 소설로 구분한다. 길이는 짧지만 내용은 귀신이나 신선, 학술 고증, 민속, 전장 제도, 천문, 지리, 우스개 등 다양하고 복잡하다.

럼에도 불구하고 종종 태감이 도주하는 사건이 발생했다.

청대 궁중의 태감이란 자리는 생활을 보장받지 못하는 시종직이었다. 태감은 궁에서 일하던 중 병에 걸리면 규정에 따라 출궁되어 스스로 살길을 도모해야 했다. 그러나 황실을 떠난 태감은 백성들 사이에서 정상적인 사람으로 대접받지 못했기 때문에 생활에 애로가 많았다. 생계를 이어가기 힘겨운 상황에서 태감들은 그들만의 특이한 행동과 생활 양식이 만들어가기 시작했다.

태감은 대부분 빈천한 집안 출신으로 생계를 도모하기 위해 궁에 들어왔다. 순천부順天府 대흥현大興縣의 가난한 가정 출신인 총관태감 소배성蘇培盛이 그 좋은 예다. 그는 옹정제가 즉위 전에 기거했던 잠저潛邸의 근시로, 옹정제가 등극함에 따라 내정에서 일을 하기 시작했고 이후 상당한 권력을 쥔 총관태감이 되었다. 그러나 황제의 신임에도 불구하고 조금이라도 오만하게 행동하면 즉시 옹정제의 동생인 장친왕莊親王 등이 상주문을 올렸고, 곧이어 옹정제로부터 질책을 당하고 행동거지를 조심하겠다는 다짐을 해야 했다.

『내무부주소당』을 보면, 장친왕 등 황제의 친족이나 측근은 소배성을 출신이 미천한 시중으로 여겼다. 그는 황제의 은덕으로 발탁되어 궁에 들어와 심부름을 하고 있을 뿐, 조금이라도 신분을 망각해서는 안 되었다.

몰래 집으로 서신을 보내거나 관리와 왕래하다

청조의 문서와 『형안회람』, 『청실록』 등을 살펴보면 태감이 몰래 가족에게 서신을 보내거나 편지를 전해달라고 부탁한 사건이 기록되어 있다. 『군기처당·월접포』의 가경 22년(1817) 8월 21일 기록에는 총관내무부대신 영화英和가 조정에 상주문을 올려 궁중 내좌문內左門에서 심부름을 하던 태감 왕폭수王幅受가 제멋대로 궁 밖의 가족에게 편지를 보낸 사실과 함께 서신의 내용까지 상세하게 적혀 있다.

왕폭수는 수차례에 걸쳐 타인에게 부탁하여 천진현에 사는 어머니에게 서신을 보냈다. 결국 서신 왕래가 발각되었고 이후 상주문에는 그가 어머니에게 보낸 가서家書가 첨부되었다. 궁중의 금기를 위반한 왕폭수는 처벌을 받았다. 그런데 이 사건은 원래 자금성 밖에 있던 왕폭수의 어머니가 아들을 그리워한 나머지 궁에서 일하는 아들에게 서신을 보낸 데서 시작되었다. 외부인이 궁에 서신을 보내는 일 또한 금지되었기에 태감과 그의 어머니 모두 처벌을 받았다.

그럼에도 불구하도 유사한 사건이 빈번히 발생했다. 가족을 그리워하는 건 인지상정이 아닌가. 하지만 궁에서는 이와 같은 상식이 통하지 않았고, 그 결과 태감이 궁궐을 탈출하는 사건이 자주 발생했다. 태감의 도주는 성공할 때도 있고 실패할 때도 있었다. 관아에 잡힌 태감들은 대부분 엄격한 처벌을 받았다. 『내무부주소당』에 적힌 사건 기록을 보면 당시의 상황을 이해할 수 있다.

처음으로 도주하다 체포되었을 때에는 태감을 궁으로 호송한 후 처벌했다. 대부분의 경우 총관태감이 도주한 태감에게 60대의 곤장형을 내린 뒤 오전吳甸, 옹산甕山 등으로 보내 1년 동안 여물을 썰도록 했다. 또한 수차에 걸쳐 도주를 한 태감에게는 가중 처벌이 내려졌으니, 예를 들면 여물 썰기 2년형에 처해졌다. 형을 마친 태감은 대부분 원래 일하던 곳으로 돌아가지 못하고 궁궐 주변의 단칙문端則門 등으로 보내져 노역에 동원되었다.

태감들은 때로 시위나 원명원 등에서 일하는 만주족 관리들과 친분을 맺고 개인적인 일을 부탁하기도 했다. 따라서 궁궐 안에서 금기를 어긴 일이 발각될 경우 많은 이들이 그 사건에 연루되었다. 예를 들어 가경 27년(1822) 7월에 발생한 부정 사건을 살펴보자. 이 사건은 1786년 겨울 복건福建 지역에서 모반을 획책한 임상문의 후손인 임표, 임현 형제와 깊은 관련이 있다(88쪽 참조). 임상문 사건이 벌어졌을 때 임표, 임현 형제는 나이가 어려서 연좌제로 처형당하는 대신 북경으로 압송되어 거세된 후 궁의 태감내시로 충당되었다. 시간이 지남에 따라 궁중에서 인맥을 넓히게 된 형제는 결국 태감과 관리가 사적으로 왕래를 해서는 안 된다는 금지 조항을 어기고 말았다.

관련자들의 증언을 종합해보면 임씨 형제의 인맥이 상당한 촘촘하게 짜여 있었다는 것을 알 수 있다. 형제는 오랫동안 자금성, 원명원 징심당澄心堂 등에서 일하며 궁중의 이등시위二等侍衛 임인등林寅登, 삼등시위三等侍衛 관민關敏, 낭중 오춘귀吳春貴, 후보주사候補主事 보림普琳 및 원명원에서 파견 나온 내무부 원외랑圓外郎 경침慶琛 등과 교류했다. 형제는 인맥을 이용해 서신 및 각종 물품을 밖으로 전달하고 가족의 대소사를 돌봤다.

이 일에 연루된 사람이 많았기 때문에 가경제는 특별히 사건 처리에 만전을 기했다. 역모를 꾀한 범인의 후손으로 거세하고 입궁한 자라면 응당 궁의 법규를 준수하며 근신해야 하거늘 임씨 형제는 사적으로 궁중의 시위 및 내무부 관원과 교류하지 않았던가. 가경제는 태감 임표, 임현 및 그의 아우 임마정林媽定이 내관과 결탁하여 조정의 일을 누설하고, 관계를 이용해 기만을 일삼은 죄를 물어 그들을 참감후斬監候(사형 집행유예)에 처하고 유예 기간 동안 사안을 더욱 정확히 조사하라고 명했다.

이 밖에 임씨 형제의 부동산을 몰수하고, 이등시위 임인등은 태감 임표와 왕래한 죄로 신강 이리로 유배시켰다. 내무부 원외랑 경침은 임현에게 비단 등을 준 죄로 주사로 강등시켰다. 내무부 정황기 호군통령 아극당아阿克當阿는 임현과 물품과 은량을 주고받은 죄를 물어 내무부 낭중으로, 후보주사 보림 역시 임마정과 왕래하는 한편 소주에서 은량 30냥을 준 죄를 물어 필첩식으로 강등시켰다. 청 왕조의 문서에 이와 관련한 상당히 상세한 사건 전모가 보존되어 있으며『가경조궁중당』에는 임표의 진술서가 남아 있다.

태감의 도주, 자살 - 정신 이상과 투신 그리고 금인상[2]

궁중 생활이 힘겨운 이유 중 하나는 아마도 권력의 중심 가까이에서 비밀스럽게 생활하는 일의 정신적 스트레스가 심했기 때문일 것이다. 태감은 궁중의 고단함과 슬픔을 이겨내기 힘들었으며 나이가 든 후 출궁하면 더더욱 의지할 곳이 없었다. 그들 중 적잖은 이가 상황을 버티지 못하고 몰래 궁에서 빠져나와 살길을 모색하기도 했다.『내무부칙례內務部則例』에 따르면 청대에는 제법 많은 태감이 병을 빙자해 집으로 돌아간 후 다시는 황궁으로 돌아오지 않았다고 한다. 또한 몰래 개명한 후 북경의 왕부王府[3]에 들어가 일을 하거나 심지어 원래 있던 왕부로 돌아가는 경우도 있었다.『궁

---

2   金刀傷. 칼 등 쇠붙이에 베이거나 다친 것을 말한다.

3   최고 등급의 귀족 저택을 이른다. 청대 북경에는 만주 팔기가 흩어져 살았는데 왕부는 대부분 북경 동쪽과 서쪽 성에 위치했다.

중당』, 『내무부주소당』, 『내무부주안』 등 청대 문서에도 적잖은 태
감의 범죄가 만주어와 한문으로 기록되어 있다. 그들은 궁중의 금
은보석 및 재물을 절도해 궁 밖으로 가져가기도 했다.

『군기처당·월접포』를 보면 건륭 17년(1752) 3월 9일, 직예총독
방승관方承觀이 상주문을 올려 태감 마승馬陞이 궁중의 은량, 터키
석 및 산호 목걸이 등을 빼돌려 가족과 친족, 친구에게 주고 은닉
하도록 한 사실을 보고했다. 이후 절도 행각이 발각되어 태감 마승
과 그의 가족은 하옥되고, 그들의 주거지에서 찾아낸 보석은 모두
몰수했다.

청대 문서에는 도주하다 잡힌 태감들의 진술서가 많이 보관되
어 있다. 『군기처당·월접포』에는 건륭 17년(1752) 5월 22일 하남
순무 장병莊炳이 태감 정귀程貴를 체포한 내용과 함께 그의 자술서
가 첨부되어 있다. 건륭 24년(1759) 1월 29일에도 병부우시랑 아이
태阿爾泰가 도주 중인 태감 조덕趙德을 체포한 기록이 있으며, 건륭
34년(1769) 7월 20일에는 섬서순무 늑이근勒爾謹이 태감 유진옥을
체포해 내무부에 인도한 내용도 기록되어 있다. 이 기록에는 태감
유진옥의 자세한 진술서가 첨부되어 있다.

가경 21년(1816) 9월 24일에는 산동순무 진예陳預가 도주 중인
태감 손여옥孫如玉을 체포했다고 상주문을 올렸다. 법에 따라 손여
옥은 북경으로 압송되어 내무부에서 취조를 받고 처벌되었다. 도

주한 태감들은 대부분 탈옥범과 같은 '감범월옥지례監犯越獄之例'로 간주되었다. 예를 들어 건륭 46년(1781) 8월 4일, 내무부대신 영용永瑢이 도주 중인 태감 장복張福을 체포하여 처벌한 사건에서 태감 장복에게 이 죄가 적용되었다. 내무부는 이런 유형의 사건을 처리하는 데 매우 엄격하였으며 상호 고발을 권장하였으니, 도주 중인 태감의 체포에 협조할 경우 상을 내렸다.

절망 속에 생활하던 태감과 궁녀가 서화문 부근, 내무부 아문 일대에서 강이나 호수에 투신자살하는 일이 빈번했다. 『형안회람』에 이에 대한 조항으로 '금성병미자장무친속치죄례禁城病迷自戕無親屬治罪例'가 있는데, 여기에 정신 착란으로 수의교繡漪橋, 곤명호昆明湖에 투신자살한 궁인들이 나온다. 이외에 궁중 태감이 어화원에서 목을 매달아 자살한 기록도 있다.

태감은 황가원림에서 생활했다. 자금성 어화원은 겉으로는 화려하고 우아해 보이지만, 실제로는 수많은 태감이 절망에 빠진 채 목을 맨 장소였다. 태감들은 종종 북경 서쪽으로 도주했다. 그곳으로 도주하려면 현재의 중관촌 일대를 지나가야 한다. 현재 과학기술 분야의 엘리트들이 모여 있는 중관촌은 명청 양대에 중관둔이라는 이름으로 역사에 등장한다. 여기서 '중관'은 '태감'의 아칭雅稱이다.

명청대의 중관둔은 나이든 태감들의 마지막 안식처였으며 태감이 죽은 후 매장되던 곳이다. 이러한 이유로 궁에서 탈출한 태감은 도움을 구하기 위해 대부분 이곳으로 향했다. 청대에는 북경 해전 구海淀區 중관촌 일대에 은제장恩濟莊이란 곳이 있었는데 연로한 태감들이 궁 밖에서 말년을 보내던 장소다. 북경의 유명한 팔보산八寶山 공원묘지는 명청대 태감 근시들의 묘지 중 하나로 수많은 묘비와 못자리가 남아 있다.

『궁중당』, 『군기처당』, 『내각대고당안』에는 태감 도주 사건이 많이 기록되어 있다. 태감의 도주가 증가하면서 건륭 연간에는 각 친왕부에서 일하던 태감을 징발하여 궁중의 결원을 보충하기도 했다.

친왕부에서 온 태감은 출신이 복잡했다. 그들은 대부분 경성 부근의 가난한 집 출신으로 성격이 괴팍하고 실수가 많았다. 그러나 황가는 일상의 잡무를 처리할 인력이 필요했기 때문에 문제를 알면서도 왕부의 태감을 궁으로 불러들였다. 그리고 바로 여기에서 가경 18년(1813) 천리교도의 자금성 난입 사건이 시작되었다. 천리교 사건 때 궁궐에서 내통한 태감을 추궁한 결과 왕부 출신자들이 반란에 호응한 사실을 발견했다. 왕부 출신의 환관은 성격이 거칠며 민간과 매우 밀접한 관계를 유지하고 있었다. 다른 한편으로 그들은 궁중의 엄격한 규칙에 적응하지 못했다. 이러한 부적응이 반란의 화근이 되었을지도 모른다.

『임안구공당』에는 1813년의 천리교의 난과 관련하여 궁중 과방

果房⁴에서 일하던 태감 양진충楊進忠이 천리교 영화회(천리교의 별칭)에 들어가게 된 경위가 기록되어 있다. 양진충은 심문 과정에서 다음과 같이 진술했다.

내 본래 성은 조趙씨이며, 양씨 성을 가진 사람의 양자가 되었다. 스물다섯에 태감이 되어 과방에서 일했다. 가경 14년, 의형제인 임사林四가 내 병을 치료해줬다. 임사는 원래 영화회 회원이었는데, 나를 인도하여 이조좌李潮佐를 스승으로 모시고 홍양교紅陽教에 입문하도록 했다. 우리 일가 가운데 큰 형 조대趙大, 즉 조정계趙廷桂와 형제 조삼趙三, 양자 조증趙增 등이 모두 홍양교에 입문했다. (…) 나는 4월 1일부터 마구교馬駒橋 장대張大의 집에서 모임을 가졌다. 장대의 형제와 아들도 모두 교인이었다. … 그해 6월 이조좌의 사부인 유삼劉三과 임사가 우리 집으로 와서 식탁에 마주앉았다. 유삼이 임사와 함께 거사를 의논했다. (…) 9월 15일, 내게 교인들을 데리고 서화문으로 들어가 거사를 하라고 요구했다.

양진충이 천리교에 들어가게 된 동기는 임사가 그의 병을 고쳐줬기 때문이다. 그래서 그는 임사를 따라 이조좌를 스승으로 모시

---

4   청조 내무부 소속 장의사掌儀司의 관할로 황궁의 과일을 전담하는 기구이다.

고 홍양교, 즉 천리교에 입문했다. 태감 양진충의 자백을 통해 우리는 궁인들의 종교신앙이 일반인이 생각하는 것보다 더 다양하고 풍부했다는 사실을 확인할 수 있다. 그들 역시 종교적 이상세계에 대한 갈망이 깊었던 것이다.

청대의 궁중 생활은 결코 쉽지 않았으며 번잡한 규정으로 인해 어려움이 가중되었다. 『형안회람』에도 궁중 생활의 이모저모를 알 수 있는 많은 사례들이 수록되어 있다. 특히 '궁중분쟁宮中忿爭' 항목을 통해 궁중 생활의 이면을 엿볼 수 있다.

민간의 종교신앙-영혼의 안식처

천리교가 자금성에 난입한 후 청나라 조정에서는 이에 대한 진술 자료와 문서를 정리하여 『임안공사당林案供詞檔』을 편집했다. 이 문서를 통해 우리는 다양한 각도에서 건륭·가경 연간에 성행했던 민간 비밀종교이자 당대 궁인들의 마음을 사로잡은 천리교를 관찰할 수 있다. 현대의 시각에서 보면 비밀종교의 우두머리는 지방의 지식 창조자이자 또 다른 형태의 엘리트이다. 그들은 종교의 이론적 지도자로 지역의 신도들에게 막대한 영향력을 발휘했다.

『임안공사당』을 통해 가경 18년(1813) 직예 완평현宛平縣 송가장

宋家莊 지역의 상황을 파악할 수 있다. 진술서의 내용은 누가 사교 신도이며 반란 분자인가를 확인하는 데 그치지 않는다. 기록 중간중간에서 청조 중기 농촌 사회의 세계관과 지식 체계를 엿볼 수 있다. 예를 들면 임청이 진술서에 언급한 세계관이 좋은 예이다. 우리는 임청의 진술서를 통해 송가장에 거주하던 일반 주민의 세계관 및 자연현상 변화에 대한 농촌 사회의 인식을 알 수 있다. 민간 비밀종교에서 비롯된 사상은 송가장의 주민들에게 외부 세계에 대한 지식을 전달해주었다.

종교적 세계관의 각도에서 보면, 민간 비밀종교의 겁변劫變[5] 사상은 송가장이라는 촌락에 모여 사는 천리교 신도가 공동으로 인정하는 세계 질서이다. 이 질서는 청양靑羊, 홍양紅羊, 백양白羊의 삼겁응변三劫應變 사유로 구성되어 있다. 공성인孔聖人과 장천사張天師는 천왕과 지왕의 형상과 대응한다. 그런데 사실 이 모든 것은 신성을 지닌 우상일 뿐, 실제 지방 세력의 정치적 상징은 아니다. 그 가운데에는 신도들의 세계관과 가치관이 응집되어 있어서 여러 사상이 섞여 있던 민간 신앙의 다양성을 잘 보여준다.

이 밖에 직장총령職掌總領 칠괘七卦인 이문성李文成과 총령팔괘인 임청은 흥미로운 대비를 이룬다. 이문성은 인왕人王으로 천하를 장

---

5   끊임없는 변화. 겁은 범어梵語 겁파劫波의 음역으로 셀 수 없는 시간을 말한다.

악하고 있지만 총령팔패인 임청은 공성인과 장천사를 목표로 삼는다. 천왕, 지왕, 인왕이라는 표현은 삼겁응변이라는 사상과 호응하여 송가장 천리교 신도들의 공통된 이상으로 자리 잡았다.

천상天象과 시간 면에서 송가장의 천리교도들은 관방에서 만들어 반포한 역서曆書를 지지하지 않았다. 대신 임청이 제안한 윤8월 중추에 천명에 따라 모든 일을 시작했다. 이는 민간 전설에서 유래하는 '중추절에 월병을 먹고 달자韃子(타타르족)를 죽인다'는 전통과 연결되어 있다. 반면 청조의 중앙정부에서 개정한 역법은 시헌력時憲曆[6]으로 달을 기록하면서 윤8월을 뛰어넘어 9월로 넘어갔다.

임청을 비롯한 송가장의 천리교도들이 윤8월을 맹신한 이유는 임청이 언급한 『천서天書』에서 비롯된다. 『천서』에서 제공하는 단편적인 경구는 민간을 교리에 묶어두는 매개물이 되었다. 청대의 국가 질서가 직접 투사된 지방 취락의 상징물을 비롯하여 역서와 공자孔子의 이미지 또한 임청에 의해 다시 해석되고 인용되어 완전히 새로운 지식을 창조했다. 민간 신앙은 백성들에게 새로운 지식과 가치관을 제공한 동시에 많은 궁중인들의 신앙에까지 영향을 미쳤다.

---

6   태음력太陰曆에 태양력太陽曆의 원리를 적용하여 24절기의 시각과 하루의 시각을 정밀하게
     계산하여 만든 역법이다.

제11장

옥좌를 돌보는 이들에게
후한 상을 내려라

궁중의 여성, 수녀·궁녀·관여자의 일상생활

'궁녀宮女'는 때로 '궁아宮娥'라고 기록되어 있기도 하다. 청대 만주어 문서의 표기를 음역하면 '구룽니 사르간 주세gurungni sargan juse'로, 궁중에서 생활하는 여자아이를 의미한다. 태감을 '타이기얀taigiyan'으로 단순하게 음역을 했던 것에 비하면 '궁녀'라는 단어에는 청대 궁중 생활의 의미가 더 잘 투영되었다고 말할 수 있다. 궁중에서 생활하는 여자아이들은 어릴 때 선발되어 입궁했다. '수녀秀女' 선발 과정은 청대의 궁중 생활을 그린 사극에서 많이 접할 수 있다. 그렇다면 실제 선발은 어떻게 이루어졌을까?

기록에 따르면, 내무부에서 1년에 한 번 실시하는 선발 과정을 통해 양황기, 정황기, 정백기 등 성삼기의 포의包衣[1] 중 13세 이상, 15세 이하의 여자아이를 선발하여 궁에 들여보냈다.

궁인이 되는 일이 언뜻 간단해 보이지만, 사실 그들은 내무부의 구성원으로 황권에 의지해 생존하는 정치 세력이라고 볼 수 있다. 그 밖에 청 왕조에는 원명 시대와 같은 '공녀 제도'가 존재하지 않았다. 그들은 산해관을 통해 입성하기 전까지 적잖은 조선의 여성을 약탈하였다. 수녀로 후궁을 들였던 것과 비교하면 청대 내무부의 궁녀는 대부분 궁중에서 의례를 집행하는 여성 관원이나 하인

---

1   만주어로 보이booi라고 쓰며 집안의 노복을 뜻한다. 청대 팔기 조직 내부의 신분 제도로 팔기 귀족의 소유였다. 궁중에서 잡역을 맡기도 했다.

으로 일하는 등 직업적 수요에 의해 선발되었다. 거대한 궁에서는 잡무 이외에도 각종 번잡한 의식, 의례를 행해야 했기에 '여관女官'이나 '관여자官女子'로 불린 이들의 협조가 필요했다. 예를 들면 책봉 행사에서 책문을 읽는 일도 모두 여관의 업무였다.

경력 궁인-내정모모, 관가파와 마마리

청조는 기본적으로 명조의 궁중 제도를 계승했지만 일부 달라진 부분도 있었다. 명대에는 궁중에서 생활하는 여관에게 상당히 엄격한 규범이 적용되었으며, 학식과 교양, 경력 등이 여관의 지위 상승에 영향을 주었다. 학자들의 연구에 따르면 명대의 궁정에서는 지위의 유동성이 컸으며, 여성도 지위 상승의 기회를 제법 많이 가졌다고 한다.

기록에 따르면, 명대 이후 학식이 있는 관원의 가정에서 딸을 선발하여 여관직을 맡겼으며 그중 일부는 궁중의 일곱 국사局司의 행정 업무를 책임지기도 했다. 이 밖에 많은 여성이 다양한 방식으로 입궁한 후, 각 궁전에 배치되어 황실 구성원의 시중을 들거나 청소 등 잡역을 맡았다. 태감과 궁녀는 학습을 통해 전문 지식을 쌓아 내정의 최고위직에 오르기도 했다.

업무를 통해 조정의 인정을 받은 나이 많은 궁녀에게는 궁중의 경력 궁녀가 될 수 있는 기회가 주어졌다. 문헌에는 이들이 내정모모内廷姥姥라고 기록되어 있는데, 일반적으로는 모모姥姥라고 부르며 노노老老 또는 파파婆婆, 노태老太라고 부르기도 했다. 모모 중에는 황제의 시중을 드는 이도 있었으니, 매일 아침에 황제의 의발 시중을 드는 나이든 궁녀는 궁중의 궁녀 가운데 가장 지위가 높았다.

청대 심원흠沈元欽이 지은 필기소설 『추등록秋鐙錄』에 "궁녀 중에 황제의 머리를 빗겨주는 궁녀가 가장 존귀했는데, 그들을 관가파管家婆라고 불렀다"는 대목이 있다. 관가파는 궁중의 각 대전에서 일을 하며 평소에는 궁인들의 언행을 감독했다. 그 가운데 지위가 비교적 높은 대관가파자大管家婆子는 복식이 일반 궁녀와 달랐다. 그들은 머리를 정수리에 틀어 올리고, 양쪽을 금은보석으로 장식한 비녀의 한쪽을 검은 베일로 가려 궁중의 비자妃子(비첩)와 구분했다. 복식만 봐도 관가파들이 얼마나 존중을 받았는지 알 수 있다. 명대 중엽 이후 노노는 '받드는 노인', '세상물정에 밝은 사람', '나이가 많은 자'란 의미로 다양하게 쓰였지만 모두 궁중의 '나이든 궁인'을 아름답게 이르는 말이라고 할 수 있다.

중견 궁녀들은 관가파자管家婆子가 된 후 개별 궁전의 행정 사무를 책임지거나 공주부公主府의 관리 총책을 맡았다. 그들은 지위가 오를수록 더 큰 권력을 쥘 수 있었다.

어떤 궁녀는 어린 황자를 보살피는 일에서 공로를 세우기도 했다. 그가 돌본 황자가 성년이 되어 즉위하면 그에게 '부인夫人'이라는 호칭이 하사되었으니, 원래의 궁녀 신분에서 벗어나 후비 바로 다음가는 지위를 얻었다. 이 밖에 궁녀가 승진할 수 있는 또 하나의 중요한 기회가 있었으니 바로 황제의 임행을 받은 경우다. 그 뒤 궁녀는 후궁 비빈의 서열에 들어가고, 나아가 회임을 할 경우에는 더욱 존귀한 몸이 되었다. 그러나 궁녀 출신으로 비빈에 오른 이는 신분이 미천했기에 내궁에서 냉대를 받고 심지어 입방아에 오르며 따돌림을 당하기도 했다. 명대의 궁녀는 업무의 실책 이외에도 후궁 비빈, 귀부인들 간의 권력 투쟁에 연루되어 처벌을 받기도 했다. 총애를 잃거나 죽음에 내몰린 비빈은 불행한 처지가 됨은 물론이요, 더 나아가 그에게 속한 나인들까지 해를 입었다.

역사학자들이 명청 시대 궁궐 궁녀의 규모를 분석한 연구가 있는데, 명나라 만력제 당시 궁녀의 수를 약 1,500여 명으로 추정했다. 또한 청나라 순치 2년(1646) 윤6월 초나흘에 애신각라 다이곤愛新覺羅 多爾袞[2]이 대학사에게 명나라 궁녀의 수를 물은 적이 있는데 이와 관련한 상주문에 궁녀의 수가 수천 명이라고 대답한 내용도 있다. 명나라 가정 10년(1531)에 궁궐 내 동소東所에서 화재가 발

---

2   청나라의 초대 황제인 누르하치의 열네 번째 아들. 순치제가 즉위하자 섭정을 실시하였다.

생했는데, 관련 문헌인『화경혹문火警或問』에 황제가 "궁중의 지면이 협소하여 건물이 연이어 있고 나인들 3~4명이 한 방을 쓴다"라고 말한 기록이 있다. 중앙연구원의 추중린邱仲麟 연구원은 4인 1실을 기준으로 했을 때 가정 연간 말년의 궁궐 내 여성의 숫자는 약 2,600명 정도로 여겨지며, 약 650실이 필요했을 것으로 추산했다. 여러 자료를 종합하는 한편, 자금성 내의 거주 공간과 각 궁의 태감 수를 고려하면 자금성 내 궁인은 3,000명을 넘지 않았을 것이다.

강희 29년(1690) 정월 대학사들이 어명을 받들어 궁인의 수와 그들이 지닌 물품을 조사한 적이 있다. 당시 대학사들은 상주문에 자금성 각 궁의 궁녀 수를 상세히 언급하였다. 그 기록에 의하면 자녕궁慈寧宮, 영수궁寧壽宮과 건청궁의 비빈 이하 각종 '사령노온使令老媼(잡심부름을 하는 중노년의 여성)', '쇄소궁녀灑掃宮女(청소하는 궁인)' 등 궁인이 모두 134명으로 수가 극히 적었다. 건륭 연간의『국조궁사國朝宮史』에도 황태후 이하 각 궁전의 궁녀 수가 구체적으로 나온다. 예를 들면 황태후는 처소에서 시중을 드는 궁녀 12명을 배정받고, 황후는 10명, 황귀비와 귀비는 8명의 궁녀를 배정받았다. 그 밖에 비빈 등의 처소에는 6명의 궁녀가, 귀인에게는 4명의 궁녀가 배정되며, 상재처常在處에는 3명, 답응처答應處에는 2명이 배정되었다.

단스위안單士元(1907~98년, 북경 태생의 문화재 전문가)은『고궁사화

故宮史話』에서 청대 궁궐에 궁녀 이외에도 '마마리媽媽哩'라는 직책이 있었다고 설명한다. 마마리는 일부 문서에 '마마리媽媽里'라고도 적혀 있는데 이는 만주어 '마마리mamari'의 음역이다. 일본학자 하네다가 편저한『만화사전』과 야마다가 편저한『만주어문어사전』에 따르면 마마리는 '마마'의 복수형이다. 마마는 '할머니'라는 뜻 이외에 '노부인'이란 뜻이 있으며 나이든 여성에 대한 존칭이기도 하다. 이에 마마리의 뜻은 '노부인들'이며, 나이가 든 경력 궁인들을 가리키기도 한다.

명나라에서 청나라로 왕조가 바뀌는 사이, 궁궐 내부의 직무 칭호도 일부 변화가 있긴 했지만 관가파, 마마리 같은 나이든 궁인들은 여전히 궁중에서 중요한 역할을 했다. 문서 기록을 통해 청나라 황제들이 마마리를 상당히 예우했으며, 그들에게 자주 상을 내렸음을 알 수 있다.

재계폐자와 궁중의 규칙

청나라 궁중에는 여러 가지 제사 의식이 있었다. 하늘과 사직에 올리는 제를 비롯해 기우제, 친경親耕³, 친잠親蠶⁴ 및 기복을 위한 불교 의식 등 크고 작은 의식을 올리기 전에 반드시 황실의 성원과 문무백관뿐만 아니라 궁인들도 재계齋戒를 해야 했다. 또한 식사와 일상의 행동에서 규칙을 준수하고 차분하게 본분을 다해야 했다. 옹정제는 관원들과 궁인들이 재계 기간 동안 몸가짐에 신경을 쓰고 심성 수양에 전념할 수 있도록 특명을 내리는 한편, 원래 궁에 걸려 있던 재계 목패를 일정한 비율로 축소한 '재계패齋戒牌(만주어로 bolgomi targa)'를 제작하여 궁인들의 심장 위치에 달도록 했다.

이후 재계패는 궁궐의 보편적인 장식물로 변화 발전했다. 백은, 법랑, 녹각, 상아, 옥, 목재 등 다양한 재료를 사용했으며 조형 역시 네모반듯한 모양뿐 아니라 조롱박, 딸기, 구름 모양 등으로 제작되었다. 일반적으로 한 면에 한문으로 '재계'라고 새기고 다른 면에는 만주어로 '재계패'라는 글자를 새겼다. 궁중에서 흔히 볼 수 있는 장식품이지만 이는 궁중의 엄격한 규칙을 말해주는 상징물이다. 궁에서 생활하기 위해서는 사사로운 행동을 피하고 말과 행동을 모두 규정에 맞게 행해야 했다.

궁중에서 심부름을 하는 궁인 이외에 친왕부親王府(황제의 아들이나 형제가 모여 있는 곳), 아가부阿哥府(황자가 성인이 될 때까지 생활하던 곳)로 파견되어 황제의 가족을 돌보던 궁녀는 평소 왕부王府의 대

---

3   왕이 직접 농사를 짓는 모범을 보여 백성에게 농업의 중요성을 인식시키고 널리 농업을 권
     장하기 위하여 행하는 의식이다.
4   양잠을 장려하기 위하여 황후가 직접 누에를 치는 일을 이르던 말이다.

소사 처리를 보조했다. 『내무부주소당』에 따르면, 아가부의 복진
福晋(청대 황실 종친에 속하는 귀족 여성) 혼사에 보내는 시중이 부족할
경우 내무부에서는 궁녀로 그 수를 채워 왕부 복진의 일상생활을
시중들도록 했다고 한다. 원래 내무부에 등록되어 있던 여성이 왕
궁의 시녀로 들어간 경우에도 규정에 따라 생활하며 자신의 본분
을 다하여 시중을 들었다.

만약 황자의 은총을 입고 황손을 회임하게 되면 황손의 측실 복
진으로 그 지위가 높아졌다. 예를 들어 청나라 8대 황제인 도광제
의 어머니는 잠저潜邸(태자가 즉위 전에 거주하던 곳)의 측실 복진, 즉
시중을 들던 궁녀로 후에 아들을 낳고 비로 봉해졌다. 이런 특별한
경우를 제외하면 보통의 궁녀는 나이 들어 질환을 얻은 후에나 궁
궐 밖으로 퇴출되었다. 『광서조군기처당光緖朝軍機處檔』에는 내무부
대신 세속世續 주진총관태감奏陳總管太監, 수동궁壽東宮, 수서궁壽西
宮에서 여성 각 한 명이 병으로 궁궐을 떠난 사례가 기록되어 있다.

조선에서 온 의순공주

명청 시대의 궁인들 중에는 조선 출신이 적지 않았다. 대부분의
연구자들이 조선과 중국 사이의 공녀 제도가 청대 초기까지만 지

속되었다고 생각한다. 역사 문헌에 드물지만 지속적으로 등장하는 조선 출신 여성에 대한 기록을 통해 청조 궁중에서 생활한 조선 여성의 모습을 엿볼 수 있다.

예를 들어 『명영종실록』에는 '방귀조선국부인放歸朝鮮國婦人'이란 기록이 있다. 『명영종실록』 권2 선덕 10년(1435) 3월 초의 기록에 따르면(20쪽 참조) 정월에 선종이 붕어하고 영종이 즉위한 후 훈령을 내려 궁중의 조선 여성을 돌려보냈다. 『교감기校勘記』에는 이때 돌려보낸 이가 '김어金魚'로 기록되어 있다.

청대 초기의 궁중에도 조선에서 온 궁인이 있었지만 문헌에 따르면 그 수가 명대처럼 많지는 않다. 프랑스 선교사 클로드 샤를 달레Claude-Charles Dallet가 19세기에 펴낸 『조선사정朝鮮事情』을 보면 청대에 조선에서 매년 3,000명을 공녀로 바쳤을 가능성도 있다. 그러나 공식 기록은 남아 있지 않기 때문에 이에 대해 지금까지 논쟁이 계속되고 있다.

청대 초기의 의순義順공주는 조선에서 온 여성의 대표적인 사례다. 청대 초기에 다이곤이 조선 왕실에 공주를 배필로 맞이하겠다고 요청했다. 당시 조선의 효종은 하는 수 없이 종실 금림군錦林君의 여식을 보냈다. 그녀가 바로 의순공주다.

이후 다이곤이 사망하자 의순공주는 화석친왕和碩親王(청대의 세습 친왕) 박락博洛에게 재가하여 그의 비가 되었다. 그러나 박락 역시 병으로 사망하자 의순공주는 북경에 홀로 남았다. 순치 13년 (1656) 공주의 아버지 금림군이 청나라에 사신으로 갔을 때 청나라 조정에 딸을 조선으로 돌려보내줄 것을 청하였다. 『조선왕조실록』의 기록에 따르면 공주는 본국으로 돌아온 후 후한 대우를 받았다고 한다.

강희 원년(1662) 의순공주가 사망하니 조선의 조정은 후한 상례를 치렀다. 금림군은 양국의 문서 왕래 규정을 어기고 개인적으로 청조에 딸을 돌려달라는 문서를 보낸 일로 탄핵을 받아 관직을 박탈당했다. 이는 인생의 우여곡절을 전해주는 가슴 아픈 일화로, 명청 왕조 궁인들의 또 다른 삶을 말해주고 있다. 사람으로 태어나 삶이 자유롭지 않으니 오고 감도 종종 하늘의 뜻을 따를 수밖에 없었을 것이다.

제12장

석양은 아름답지만 황혼은 아쉽구나

청나라 말년 궁인들의 회고록

현대인은 역사를 각색한 로맨스드라마나 모략과 암투가 난무하는 사극을 즐겨 본다. 그러나 드라마에 나오는 모습이 궁중의 생활을 제대로 보여주지는 않는다. 때로 회고록을 통해 우리는 감동적인 궁중의 삶을 발견하게 된다. 이 장에서는 회고를 통해 궁중 생활을 소개하고자 한다. 궁인들의 실제 경험을 적은 글을 살펴보며 그들의 인생 경력과 체험 속으로 들어가보자. 그곳에서 우리는 가장 생생한 삶의 현장을 만나게 된다. 화려함과 웅장함 속에 쓸쓸함과 고독이 깃들어 있는 회고록은 후세 연구자로 하여금 몽환적인 분위기 속에서 지나간 세월을 느끼게 한다.

예를 들어 『작중지酌中志』[1]는 명대의 환관이 궁중에서 생활하며 보고 들은 것을 기록한 책으로, 후대에 명대 궁정을 이해하는 데 많은 자료를 제공했다. 책에 나오는 궁중의 비사와 전설은 수많은 문예 작품의 바탕이 되었지만 그 줄거리와 배경은 궁인들이 겪은 현실과 큰 차이가 있다. 『작중지』 속의 이야기는 오늘날의 관점에서 보기에는 낯설지만, 주의 깊게 읽어보면 여전히 감동을 자아내는 부분이 많다.

---

1   명대 환관 유약우劉若愚(1584~?)가 지은 것으로 전체 24권이며, 주로 만명晩明 궁궐에 관한 이야기가 적혀 있다.

유약우가 남긴 명대 궁정 생활

흔히『작중지』라고 부르는『작중지략酌中之略』의 저자 유약우는 북직예北直隸(명대의 행정구역) 연경주延慶州에서 태어났다. 그의 부친은 무장으로 요양협진부총병遼陽協鎭副總兵을 지냈다. 일반적으로 이런 집안 출신이라면 대를 이어 무관이 되기 마련이다. 그러나 유약우는 16세에 특이한 꿈을 꾼 후 이에 감응하여 스스로 거세했다.

그는 만력 29년(1601)에 입궁하여 사례감司禮監 태감 진만화陳萬化 아래에서 주로 필사 업무를 맡았다. 천계 초년(1621)에는 위충현魏忠賢[2]의 측근 이영정李永貞 등의 추천으로 내정 내직방內直房으로 파견되어 문서 업무를 맡았다. 이 시기부터 그는 점차 태감의 우두머리인 위충현과 가까워지면서 위충현 주변에서 벌어지는 음모를 파악할 수 있었다. 그러나 유약우는 정쟁에 개입하지 않았으며 또한 이를 밖으로 발설하지 않았다. 그는 평소 궁에서 맡은 업무에 충실하며 아무것도 모르는 것처럼 생활하였다. 그가 자신의 이름을 '약우'라고 개명한 것도 '큰 지혜는 어리석음과 유사하다'라는 뜻을 지니고 있을지도 모른다. 그는 궁중의 권력 투쟁에 몸담지 않

---

2   ?~1627, 중국 역사상 가장 큰 권력을 쥐었던 환관. 명나라 조정을 완전히 장악하였다.

으며 화가 자신에게 미치지 않도록 했다. 그러나 이후 위충현이 탄핵을 받게 되자 유약우 역시 그 화를 피할 수 없었다. 그는 효릉孝陵으로 보내져 능을 지키는 병사인 정군淨軍으로 좌천되었다.

숭정 원년(1628) 조정에서 모함을 받아 죽음에 이른 고반룡高攀龍[3] 사건을 재조사할 때 처음 탄핵 상소를 올린 자 역시 위충현이었다. 그는 백지 상소문을 이영정에게 준 후 소항직조蘇杭織造[4] 태감 이실李實의 명의로 상주문을 작성하도록 했다. 사건의 전모가 밝혀진 후 이영정은 참형되고, 유약우는 모략에 가담했다는 이유로 참감후에 처해졌다. 유약우는 감옥에서 억울함을 호소하며 궁중에서 보고 들은 바를『작중지』에 적어 자신의 뜻을 밝혔다.

유약우는 숭정 14년(1641) 전후에 석방되었다. 유약우의『작중지』중「내신직장기략內臣職掌紀略」,「대내규제기략大內規制紀略」,「내판경서기략內板經書紀略」,「내신패복기략內臣佩服紀略」,「음식호상기략飮食好尙紀略」등은 궁중의 제도와 생활 습관을 기록한 장이다. 이 밖에「견문쇄사잡기見聞鎖事雜記」는 궁중에서 보고 들은 소소한 이야기들이 주된 내용이다. 스스로 거세하고 입궁한 인생이

---

3 1562~1626, 중국 명나라 학자. 동림당東林黨의 대표 인물로, 위충현 등이 조직한 엄당閹黨과
   대립하다 모함을 받아 자살하였다.
4 명청대에 궁중에서 필요한 견직물을 직조하도록 소주에 세운 기관으로 태감이 이를 주관하
   였다.

유약우에게는 마치 물거품처럼 느껴졌을지도 모른다.

각종 공문서와 조정의 문헌 기록에 명대의 내시 태감에 관한 내용이 적지 않으며, 또한 지금까지 남아 있는 태감들의 묘지명을 통해서도 궁인의 생활상을 엿볼 수 있다. 그런데 궁인에 대한 후세 연구자와 일반인의 인상은 부정적인 경우가 많다. 측근 시중인 태감은 고대 군주제의 화근이며, 국가의 패망을 초래한 재난의 대부분이 환관이 권력을 얻어 도리를 어기고 부패를 일삼았기 때문이라고 생각하는 경우가 많다.

초기 연구자들 대부분이 궁인을 부정적으로 여겼던 탓에 이에 관한 사료 정리도 제한적으로 이루어졌다. 그런데 최근 후단胡丹이 대량의 관련 사료를 정리하여 『명대환관사료장편明代宦官史料長編』을 발간했다. 이 책을 통해 우리는 『명실록』의 관련 기록과 더불어 명대 환관의 묘지명 및 불교 사찰의 석비 건설에 자금을 지원한 환관의 활동을 기록한 비음지기碑陰誌記(비석 뒷면 기록)를 볼 수 있다. 원래 황폐한 들판에 버려져 있었을 비석은 궁중의 일상을 파악할 수 있는 또 다른 기회를 제공하였다. 이 자료들을 통해 그동안 고대 정치의 악의 축으로만 여겨졌던 환관을 인생의 풍부한 면면을 보여주는 존재로 재정립할 수 있게 되었다.

태감과 궁녀의 회고록

만청 시기에 궁중에서 생활하던 태감과 궁녀 가운데 일부는 중화민국 건국 이후 회고록을 집필하기 시작했다. 그들의 기억을 통해 우리는 당시 궁궐의 생활상을 엿볼 수 있다. 회고록은 궁인의 시각에서 최고 권력자들의 일상생활을 관찰한 내용이지만, 때로 은연중에 그들 자신의 기쁨과 애환이 드러난다. 예를 들어, 교육자이자 문예창작자인 진이金昜는 천이링沈義羚과 함께 청대 궁인 하영아何榮兒의 구술을 받아 『궁녀의 옛 이야기-자희태후를 모신 저수궁의 8년 세월宮女談往錄儲秀宮裡隨侍慈禧八年』이라는 책을 집필했다.

자희태후를 모셨던 궁인 하영아의 인생은 그 시절 궁인들의 삶의 축소판이다. 하영아는 경성 기인 출신으로 13세에 선발되어 궁중 나인이 되었고 이후 저수궁에서 자희태후의 시중을 들었다. 하영아의 회고록에는 만청 시대 궁중 생활의 이모저모가 기록되어 있는데, 일상에서 보고 들은 것이 많아 궁인들의 희로애락을 엿볼 수 있는 동시에 사료 문헌에서는 볼 수 없는 생생한 체험이 담겨 있다.

하영아가 근무한 저수궁은 노불야老佛爺라는 존칭으로 불린 자희태후의 궁이었기에 각종 규칙이 매우 엄격했다. 청소 등 잡무를 보고 세수와 몸치장 등의 시중을 들어야 했으며, 번잡하고 막중한 업무를 수행하면서도 저수궁의 궁녀는 언제나 단정한 옷차림에 신발, 양말까지 새 것을 신어야 했다.

만청 시기에도 만주족의 언어문화는 중요한 역할을 했다. 예를 들면 자희황태후의 만주어 호칭은 '질란 후투리 후왕 타이호jilan huturi huwang taiho'였다. '자희'의 만주어 대역이 'jilan huturi'로, 'jilan'은 '자비'와 '인자함'이란 뜻을, 'huturi'는 '행복'이란 뜻을 가지고 있다. 그 이름 때문인지 노불야는 사진 촬영을 할 때면 언제나 '자비를 품고 고난을 구제하는' 관음의 모습으로 치장하길 좋아했다. 자희태후의 시중을 드는 궁인은 물질적으로 큰 보상을 받았다. 태후가 궁인들을 우대한 것은 수년간의 궁중 생활을 통해 얻은 인생의 지혜라고 할 수 있다.

하영아는 18세에 노불야의 주선으로 총관태감 이연영李蓮英의 양아들인 유劉씨 태감에게 시집을 갔다. 결혼식은 웅장했다. 노불야는 이들에게 각종 보석을 고루 갖춘 혼수품 여덟 가마를 하사했다. 다만 애석하게도 부부의 결혼생활은 오래 지속되지 못했다. 혼인한 지 얼마 되지 않아 하영아의 남편이 심각한 아편 중독에 빠져 결혼 생활은 만신창이가 되었다. 얼마 후 하영아는 이혼하고 친정으로 돌아갔다

그러나 다른 궁녀나 태감에 비하면 그녀의 상황은 그리 나쁘지 않았다. 인생의 기쁨과 고난은 언제나 자신의 의지대로 되지 않는

다. 만청 시대의 궁중 생활은 그의 구술을 통해 소중한 기록으로 남게 되었고 사람들은 이를 읽으며 사라진 대청제국의 향수를 느낀다.

영국 교사 존스톤의 회고록

명청 시대의 궁중에는 태감과 궁녀 외에 외국에서 온 선교사들도 있었다. 예수회 선교사인 마테오 리치Matteo Ricci와 아담 샬Johann Adam Schall von Bell, 프랑스 선교사 부베Joachim Bouvet가 궁중에서 봉직했다는 기록이 있다. 유럽에서 온 선교사들은 기독교의 복음을 전하기 위해 불원천리 중국을 찾아왔다. 그러나 궁정의 지지와 인정을 받으려면 대부분 개인의 능력을 발휘해 궁정의 기술관직을 맡아야 했다. 우리는 그들의 시각을 통해 청대 궁정의 또 다른 모습을 살필 수 있다.

선교사들의 기록에 따르면 청조의 황제는 신부를 '조부', 만주어로 마법瑪法(mafa)이라고 부르며 존칭했다고 한다. 예를 들어 강희제는 아담 샬을 '탕湯 마법'이라고 불렀는데, 이 호칭은 각별히 친근한 느낌을 준다. 조선의 연행사가 선진 문물을 체험하는 시선으로 청에 접근했다면, 유럽에서 온 선교사들은 전혀 다른 종교와

세계관을 가진 채 궁정 생활에 임했다. 그들이 남긴 기록은 후세에
더욱 다양한 시선에서 궁정의 분위기를 느낄 수 있게 해주었다. 시
대가 변함에 따라 선교사들은 점차 농촌으로 들어가 선교를 했다.
그리고 만청 시기의 궁중에는 또 다른 서양 지식인들이 찾아왔다.

　서양 세력이 점차 동진함에 따라 자금성은 열강의 선박과 대포
뿐 아니라 이국의 문화와 사상도 맞이했다. 스코틀랜드에서 온 레
지널드 존스턴Sir Reginald Fleming Johnston도 그중 한 사람이다. 존
스턴은 청의 마지막 황제인 애신각라 부의愛新覺羅 傅儀의 스승이
되었다. 그는 영국 옥스퍼드대학을 졸업하고 홍콩의 식민정부에서
일하다가 1906년 산동반도의 영국령 식민지 위해위威海衛의 행정
장관을 맡았으며, 그 후 부의의 영어 교사로 초빙되었다. 그의 특
이한 경력이 자못 흥미롭게 느껴진다. 그는 만청 궁정의 실상을 들
여다볼 수 있는 하나의 창구와 같다. 외국인의 눈으로 본 궁정 생
활과 마지막 황제, 혼란한 시국과 위기에 빠진 자금성의 모습은 청
조 궁정의 인물들이 보고 들은 모습과는 또 다른 화려한 장면을 우
리에게 선사해준다.

　영화 〈마지막 황제〉에는 존스턴이 자금성에서 황제에게 영어와
자전거, 테니스와 더불어 식사 예절 등 서양의 교양을 가르치는 장
면이 나온다. 존스턴은 자금성을 떠난 후 1927년에 위해위 총독을
맡았으며, 1930년 10월 1일 위해위가 중국에 반환된 후에야 영국

으로 귀국하였다.

1931년, 존스턴은 런던대학의 소아즈SOAS(School of Oriental and African Studies)에서 교수로 재직하며 한학을 연구해 『자금성의 황혼Twilight in the Forbidden City』과 『화북에서 만난 용과 사자Lion and Dragon in Northern China』 같은 흥미로운 회고록과 소책자를 집필했다. 그는 1938년 64세의 나이로 에든버러에서 사망했다.

500쪽에 달하는 회고록 『자금성의 황혼』은 청의 마지막 황제를 연구하고 이해하는 데 무엇보다 중요한 사료이다. 존스톤은 이 책에 청조의 마지막 세월과 신해혁명 발발 전후의 이야기를 기록하였다. 그는 만청 궁정의 중요한 구성원들을 잘 알고 있었기 때문에 중요한 사건을 대거 기록할 수 있었다.

흥미로운 회고록은 이후 수차례 재판되었고, 영화 〈마지막 황제〉 극본의 기본 자료가 되었으며 일본어로도 번역되어 베스트셀러가 되었다. 이 책에는 중국에서 일본제국이 벌인 일이 많이 언급되어 있는데, 일본어 번역자들이 이 내용을 지나치게 삭제, 수정하는 바람에 커다란 논쟁을 불러일으키기도 했다. 존스톤이라는 영국 신사의 눈을 빌려 각국의 독자들은 여러 방향에서 제국의 마지막 세월을 들여다볼 수 있다. 제왕의 꿈이 실린 권력의 무대 위에서 거대한 제국이 쓸쓸하게 막을 내리는 장면이야말로 자금성의 황혼을 가장 감동적으로 보여준다.

존스톤은 부의의 자서전인『내 인생의 전반기我的前半生』와는 또 다른 모습으로 대청제국의 마지막 세월을 묘사했다. "석양은 한없이 아름답지만, 황혼에 다다른 것이 아쉽구나"라는 시 구절이 있는데, 자금성의 가장 아름다운 시절은 바로 대청제국이 황혼에 접어든 바로 그 순간이었다.

북경 은사의 허와 실

영국의 저명한 사학자 트레버 로퍼Hugh Redwald Trevor-Roper는 옥스퍼드대학을 졸업한 뒤 1957년 영국 왕실이 인정한 현대사 흠정교수가 되었고 그 후 케임브리지대학 피터하우스칼리지의 원장을 역임했다. 그는 영국의 초기 현대 및 독일 나치 시대의 역사에 대한 독보적인 연구로 다수의 학술서를 남겼다.

로퍼는 말년에 도서관에 소장된 영국 귀족들의 회고록을 정리, 연구했다. 그는 여러 자료를 비교하고 철저히 고증한 끝에『북경 은사: 백하우스의 비밀 생활The Hermit of Peking: The Hidden Life of Sir Edmund Backhouse』을 저술했다. 로퍼 교수는 이 책에서 백하우스의 회고록이 수년간 교묘하게 구상된 한 편의 사기극임을 밝혀냈다.

책의 내용이 허구든 사실이든, 백하우스는 19세기 말부터 20세기 초까지 오랫동안 북경에 머문 영국 귀족이다. 그가 구상한 이야기의 소재는 궁중을 출입하던 다양한 직인들로, 그들의 이야기에는 북경에서 생활하던 영국인 집단의 생활 모습이나 거리 곳곳의 풍경이 담겨 있다. 그 이야기들의 진위 여부는 알 수 없지만 그가 중국통 중의 한 사람으로, 청 왕조를 소개하는 책을 써서 영국에서 명성을 누린 것만은 확실한 사실이다.

그가 쓴 회고록의 행간 곳곳에 궁정 안팎에서 벌어진 여러 가지 일이 기록되어 있다. 그것이 중국인에게는 별로 특별하지 않았을지도 모르지만, 외국인에게는 이국적 분위기가 물씬 풍기는 신기하고 이색적인 내용이었다. 진위를 가리기 힘들지만 이 작품에서 드러나는 궁중 문화는 독자를 매료시키기에 충분했다.

백하우스와 퍼시 블랜드John Otway Percy Bland는 공동으로 2권의 책을 저술했다. 1910년에 출판한『자희황태후 통치하의 중국China Under the Empress Dowager』과 1914년에 나온『북경 궁정 연감과 비망록Annals and Memories of the Court of Peking』이다. 두 책은 출간 직후 선풍적인 인기를 끌었다. 유럽 학자들은『자희황태후 통치하의 중국』을 중국 왕조의 마지막 통치자에 관한 가장 중요한 자료로 여겼으며, 심지어 서양의 문인들은 이 책을 중요한 참고자료로 인용했다.

『북경 궁정 연감과 비망록』은 역사적 사실의 정확도와 생생한 내용으로 인해 독보적인 가치를 부여받았다. 더욱이 명대부터 청대까지 역대 황실에서 발생한 사건을 그대로 기록했기 때문에, 북경에서 재직하던 서방 외교관들은 늘 이 책을 옆에 두고 수시로 참고했다. 백하우스는 중국통으로서 명성을 누리게 되었지만, 한편으로 이 책의 내용은 후일 그가 교묘하게 꾸며낸 허구적 이야기의 배경이 되기도 했다.

백하우스는 문헌을 위조하고 동양의 신비한 이야기들을 지어내기 위해 수년간 정성을 들였다. 그는 일찍이 친구들에게 보내는 서신에 저작 활동과 그가 살펴보고 있는 만청 명인들의 일기에 대해 언급했다. 여기에는 만청 시기의 권신인 경선景善의『경선일기景善日記』와『이연영회억록李蓮英回憶錄』등이 포함되어 있다. 백하우스는 이 문헌의 세부 내용을 상세하게 묘사했으며 지인을 통해 원고를 책으로 출간하길 희망했다.

트레버 로퍼 교수는 이 서신에 오로지 백하우스만 소장하고 있다고 말하는 영문 번역 원고와 회고록이 포함되어 있음을 밝혔다. 이것은 백하우스가 윤색하고 창작한 이야기로, 그는 이를 출간하여 더 큰 명예와 이익을 얻고자 했을 것이다. 이를 통해 우리는 당시 유럽의 정치 엘리트가 중국을 어떻게 바라보고 있었는지 이해할 수 있게 되었다. 유럽은 만청 시기의 지식과 정보, 정치적 기밀을 얻기를 얼마나 기대했을까. 백하우스가 허구를 지어낸 이유는 기이한 정보와 지식을 갈구한 유럽의 수많은 독자를 만족시키기 위한 것이었으며, 그 속에서 이득을 취할 수 있는 기회를 발견했을 뿐이라고 말할 수도 있다.

백하우스의 회고록에는 사람들을 경악케 만든 정욕에 대한 묘사가 나온다. 이를 색정문학이라거나 동양에 대한 당시 영국인들의 상상 및 창작의 결과가 아니라, '동양주의' 서사 방식에 따른 하나의 이야기 양식으로 볼 수 있을지도 모른다. 유럽은 이런 식의 서술을 통해 오랜 역사를 지닌 중국 특유의 분위기에 몰입하게 되었을 수도 있다.

궁인에 대한 기록을 접할 때 우리는 개인의 감정과 관심을 서사에 적용하는 오류를 범한다. 백하우스가 정말 쓰고 싶었던 것은 그가 자금성에서 보고 들은 고대 중국의 각종 문화와 일상생활이었을 수도 있다. 다만 이로 인해 독자들이 동양에 대한 환상에 갇히게 된 점이 아쉽다. 백하우스의 펜이 그린 세상은 그 허와 실을 구분하기가 힘들다. 그러나 그가 묘사한 이국 이야기의 배경은 분명 북경의 궁정이다. 만약 궁인들의 소소한 생활에 초점을 맞춰 그의 책을 읽는다면 또 다른 풍경을 떠올리고, 또 다른 역사의 저류에 귀를 기울일 수 있다. 동시에 대청제국의 가장 화려했던 순간과 더불어 점차 파국으로 치닫는 마지막 모습까지도 눈에 넣을 수 있을 것이다.

제13장

신령한 환생이 세상에 나오니
실로 기쁘도다

자금성의 장가국사

황제에게 불교는 매우 중요한 신앙이었다. 가경제의 60세 생일 때 조정은 '육순만수성전六旬萬壽成典'을 열고 1만 6,000기의 불상을 제작하여 황제의 행복과 장수를 기원했다. 이때 티베트 불교의 활불이 매우 중요한 역할을 했다. '장가章嘉 호도극도呼圖克圖[1] 호필륵한呼畢勒罕[2]'은 당시 몽골과 티베트 지역의 가장 중요한 불교 지도자 중 한 명으로, '장가활불'로 잘 알려졌다. 장가활불은 여러 차례 환생하며 청대의 종교 문화 및 변경을 관리하는 데 중요한 역할을 했다.

현대인은 궁중에서 황제를 도와 종교 사무를 처리한 장가국사의 신분, 승원재래乘願再來[3]하여 사바 세계에 환생한 그의 특수한 사적을 이해하고 인정하기 어려울 것이다. 그러나 장가활불은 여러 차례 환생하며 청조 황제들이 줄곧 의지했던 티베트 불교의 지도자가 되었다. 그는 경성, 몽골, 티베트 등을 오가면서 정치적 강령을 전달하는 황제의 사신이 되었다. 청대 황제는 티베트, 청해靑海, 대금천大金川(지금의 사천四川 금천현金川縣), 소금천(지금의 사천 소금현小金縣) 등에서 각종 종교와 국정 사무를 처리하는 데 장가법사

---

1 청조에서 몽골, 티베트 지역 라마교 상층 활불에게 내린 봉호이다.

2 호필륵한呼必勒罕으로 쓰기도 하는데, 몽골어 xubilgan의 음역이다. 전세轉世 또는 화신化身의 뜻이다. 라마교는 활불活佛이 전세하여 환생한다고 믿는다.

3 죽고 난 후에도 다시 환생하기를 원한다는 뜻이다.

의 도움을 받았다. 장가활불은 내외 정무와 종교 문제에서 상당히 뛰어난 활약을 하였으며 이에 대한 상세한 기록이 『청실록』에 등장한다.

다양한 민족의 언어에 능통했던 장가국사와 『만문대장경』

장가국사는 티베트 불교의 지도자였을 뿐만 아니라 각종 연회 의례 및 티베트 불경 편역, 심지어 청 왕조의 칙령을 번역하는 작업에도 역량을 발휘했다. 예를 들어 『청고종순황제실록淸高宗純皇帝實錄』에 따르면, 건륭 3년(1738) 정월 초열흘 황제가 관례에 따라 풍택원豐澤園 대옥大幄⁴에서 연회를 열고 몽골 친왕을 초청했을 때 장가국사도 동석하도록 했다. 또한 풍택원 연회를 전후해 여러 사람에게 등급에 따라 다양한 상을 하사했는데, 장가국사에게는 여러 가지 선물과 티베트 불교 법기 외에도 상당한 은량을 하사했다. 건륭제는 3대 장가활불에게 상사上師에 대한 무한한 공경의 표시로 어용 금룡황산金龍黃傘과 황헌거黃幰車를 하사하기도 했다. 『군기처당·월접포』에 관련 기록이 남아 있다. 예를 들어 건륭 16년

---

4   어옥御幄이라고도 한다. 황제를 위한 대형 게르이다.

(1751) 윤5월 19일에는 산서순무 아덕雅德이 올린 상주문에 일전에 장가국사에게 지급한 백은 1만 냥을 찾아오도록 사람을 보냈다는 내용이 적혀 있다.

이 밖에 건륭제는 『만문대장경漫文大藏經』 편찬 사업을 발원해 완성하였는데, 이 방대한 번역 작업에 3대 장가활불인 장가약필다 길章嘉若必多吉 국사가 많은 힘을 기울였다. 그는 건륭제의 티베트 불교 상사이자 어려서부터 궁중에서 함께 공부하며 성장한 인물로, 옹정·건륭 두 황제로부터 두터운 신임을 얻었다.

장가국사는 산스크리트어 자모, 티베트어 자모를 음에 맞춰 만주어로 번역하였으며 산스크리트어를 참고하여 '만문아례갈례자모滿文阿禮噶禮字母'를 창제하였다. 『만문대장경』은 문자 창제 사업의 기초 위에서 탄생할 수 있었다. 만약 장가국사처럼 만주어, 중국어, 티베트어, 몽골어, 산스크리트어 등 여러 언어에 통달한 존재가 없었다면 경전 편찬은 불가능했을 것이다.

장가활불은 청조에서 티베트, 몽골, 대금천, 소금천 지역에 내린 명을 해당 지역의 언어로 번역하는 업무까지 맡았다. 예를 들면, 건륭 연간에 신강 지역을 정벌할 때 몽골의 여러 부족이 반란을 일으키는 바람에 연도의 역참이 무용지물이 되었다. 이로 인해 청조는 전선의 상황을 알 길이 없어졌다. 위급한 상황에서 여러 언어에 능통하며 정치·종교 지식에 해박한 3대 장가활불이 서한을 보내 몽골의 수령들을 설득한 결과, 전쟁의 위기를 넘기고 신강 전투에 전력할 수 있게 되었다.

건륭제는 티베트 문제를 처리할 때도 장가국사의 권유를 받아들였다. 이에 그는 티베트 지역을 직접 행정 지배하지 않고 전격적으로 달라이라마를 지지하여 정치·종교 질서를 회복했다. 이 밖에도 건륭의 중요한 정무에 대한 번역 작업도 장가활불이 앞장서서 해결하였으니 곳곳에서 그가 얼마나 큰 존중을 받았는지 엿볼 수 있다.

건륭 14년(1749) 2월 즈음 황제는 금천토사金川土司 사라분沙羅奔, 랑잡郎卡 등에게 칙령을 내릴 때 자신의 뜻을 정확하게 전달하지 못할 것을 우려하여 특별히 장가국사에게 조정의 번역 업무를 총지휘하도록 했다.

이 밖에 티베트 불교에 대한 장가활불의 지식은 황제가 종교 사무를 처리하는 데 도움이 되었다. 그는 자금성 내에 단성壇城 법기法器를 마련해 '길상만년, 환우강녕吉祥萬年 寰宇康寧'이라는 정치·종교적 청사진을 건의했다. 현재 대만 국립고궁박물원에 소장된 〈이익금조만달단성利益金造曼達壇城〉이 바로 장가국사의 건의로 건륭제가 특별히 자금성에 두었던 불교 법기이다. 만달반曼達盤[5]을 넣어 둔 가죽상자 위에 비단이 붙어 있고 그 위에 먹으로 중국, 만주, 몽골, 티베트의 문자가 적혀 있다.

문서 기록에 따르면 이 법기는 순치 9년(1653) 북경에 온 달라이 라마 5세가 순치제에게 특별히 선물한 것으로, 이후 티베트와 청조의 평화가 시작되었다고 한다. 이 법기는 평화와 상서로움, 이익이 온 천하의 중생에게 두루 미친다는 상징적인 의미를 갖는다. 이후 장가법사의 건의로 건륭제는 단성을 자금성 양심전養心殿 불당에 두었다. 비단에는 다음과 같이 적혀 있다. "중생의 이익을 위해 금으로 만달을 만드니, 이에 청세조 순치제 당시의 달라이라마 5세가 북경으로 와서 서황사西黃寺에 이르렀다. 장가 호도극도가 만년의 상서로움과 온누리의 강녕, 그리고 중생에게 이익이 돌아가라는 뜻에서 황상에게 만달을 올려 내정에 이를 받들도록 하였다."

티베트와 몽골로 파견된 황제의 사신

청조는 티베트와 몽골 등 각지의 정치·종교 지도자를 단결시키기 위한 수단으로 자주 티베트 불교를 이용했다. 이를 공동의 신앙

---

5   장밀藏密, 즉 서장西藏 밀교의 제사 기물 가운데 하나이다. 만달은 단성壇城의 뜻이다. 해와 달을 비롯하여 세상의 진귀한 것들로 단을 만들어 부처에게 공양한다는 뜻이다.

으로 만들어 종교 언어로 각기 다른 종족 지도자들의 의견을 아울렀다. 장가활불은 청조의 종교 및 외교의 안팎을 소통시키는 특별한 역할을 훌륭하게 수행하여 양쪽이 의견을 주고받는 데 도움을 주었다.

강희제부터 만청 시대까지 장가활불과 그의 제자들은 모두 청조에 충성을 다했다. 그들은 북경과 티베트를 오가며 황제의 사신으로 정치적 명령을 하달하거나 달라이라마 취임식에 참여하는 등 청조 정부의 대표 역할을 했다.

『강희조궁중당만문주접姜熙朝宮中檔滿文奏摺』과 『군기처당·월접포』에 장가 호도극도와 그 제자들이 청조에 충성을 다하겠다는 뜻을 담아 보낸 상주문이 대거 남아 있다. 청의 역대 황제는 장가활불과의 친밀한 관계를 표시하기 위해 종종 그들이 가지고 있던 법기를 선물로 보냈는데, 『청실록』에도 이에 관한 기록이 남아 있다. 광서 20년(1894) 11월에 황제가 장가활불에게 직접 사용하던 갈파랍噶巴拉[6] 염주를 하사했다는 기록이 있다. 이는 티베트 불교 상사에 대한 청조의 예우를 잘 보여주는 동시에 장가활불이 청 황제의 사신이라는 특별한 지위를 천하에 알리는 일이기도 했다.

---

6 티베트의 인골 제품의 속칭. 일반적으로 불법 수행을 잘 마친 티베트인이 사망한 후 그의 두 개골, 다리, 손가락 등의 뼈로 만든 법기를 말한다.

장가활불이 북경에서 출발하거나 티베트 지역에서 북경으로 향할 때마다 황제는 병사를 파견해 그를 호위했다.『옹정조궁중당만문주접雍正朝宮中檔滿文奏摺』에 옹정 2년(1725) 4월 18일 황제가 무원대장군撫遠大將軍 연갱요年羹堯에게 열병식이 끝난 후 장가활불이 북경까지 오는 길을 호송하라는 어명을 내렸다.

옹정제는 장가활불이 북경을 떠나 티베트로 가는 길에도 호송군을 보냈다. 또한 감숙순무甘肅巡撫 상균常鈞에게 장가활불이 티베트로 돌아갈 때까지 호송할 사람을 파견하도록 지시를 내리기도 하니, 이 모든 기록이 장가활불의 생활 전반에 대한 청 황실의 배려와 관심을 잘 보여준다.

도광 연간에도 유사한 사례를 찾아볼 수 있다. 청나라 조정에서는 수년간 활불을 수색한 끝에 마침내 그를 찾아 방문했다. 청조는 그가 몇 번을 환생하든지 한결같은 태도로 예우했다.『궁중당도광조주접宮中檔道光朝奏摺』에는 도광 21년(1841) 12월 초사흘 세말 엄동설한에 사천총독 보흥寶興이 조정에 장가 호도극도 및 이번원理藩院 사원司員 등이 사천 지역을 통과하는 상황을 보고하는 한편 황제에 대한 장가활불의 문후와 더불어 예물 하다哈達[7]를 올리는 내용이 담긴 상주문이 기록되어 있다.

---

7   경의나 축하의 뜻으로 쓰는 흰색, 황색, 남색의 비단 수건을 가리킨다.

장가활불의 안전을 위해 청조의 관리들은 사원을 활불과 동행하도록 하였고, 각 관할 지역의 순무총독이 그 과정을 보고하도록 했다. 이러한 존중과 배려는 장가활불의 생전은 물론 그가 병으로 사망한 후에도 마찬가지였으니, 도광제는 특명을 내려 그에게 불좌佛座를 하사했다.

장가활불은 티베트, 청해 및 몽골에 대한 황제의 특사로서 늘 황제의 명을 받아 중요한 종교 의식에 참여하였다. 장가활불은 이를 통해 청나라 황제와 종교 지도자들 사이의 의견을 교환하는 등 문화 교류의 장에서 황제의 사신 역할을 했다. 장가활불은 심지어 정부를 대표해 티베트 불교 사찰의 재물, 나아가 각 사찰의 라마승을 관리하기도 했다. 『궁중당도광조주접』에 따르면, 도광 22년(1842) 7월 18일에 맹보孟保, 해박海樸 등의 관리가 상소를 올려 황제의 명에 따라 달라이라마 등이 북경으로 보낸 공물을 장가활불에게 전달하고, 이를 장가활불이 북경에 가지고 들어가 황제를 알현했다는 기록이 있다.

같은 해 10월 17일, 사천총독 보흥은 조정에 장가활불이 직접 티베트를 방문해 달라이라마의 좌상에 참가한다는 상주문을 올렸다. 이러한 기록을 통해 장가활불이 청나라 정부를 대표해 직접 티베트로 가서 달라이라마의 좌상 의례 등 중요한 종교 의식에 참가했음을 알 수 있다. 『궁중당광서조주접』과 『군기처당·월접포』의 관련 기록에서도 광서와 선통 연간에 달라이라마가 원적圓寂하자 조정이 이번원을 통해 장가활불과 이를 상의한 후 공동으로 장례 방안 등의 사무를 준비하고 처리한 내용을 엿볼 수 있다.

승원재래 - 환생을 거듭한 장가활불

옹정제는 장가활불을 일컬어 '진정한 재래인再來人, 대선지식大善知識[8]'이라 칭한 바 있다. '재래인'이란 장가활불이 청대에 환생했다는 뜻으로, 이는 불법의 기적이자 특별한 정치 문화 현상이기도 하다. 장가활불은 청대에 모두 다섯 번 환생하였으니, 각기 강희, 건륭, 도광, 함풍 및 광서 연간에 주로 청해 지역에서 환생했다.

매번 환생한 활불을 찾을 때마다 장가활불을 따르던 제자 찰살극라마札薩克喇嘛[9]가 장가국사가 생전에 사용했던 염주, 방울, 저杵 (작법용 불교 도구) 등을 다른 것들과 뒤섞어 진열한 후, 그들이 찾아낸 동자 앞에 내보이며 전생에 지니고 다녔던 물품을 식별하도록 했다. 만약 영동靈童이 여러 명이어서 그중 누가 장가활불의 환생

---

8   올바른 도리와 이치를 가르쳐주는 사람이라는 뜻이다.

9   청대의 고위 승려관리 중 한 계급으로, 승려들의 관리를 책임졌다.

인지 가늠하기 힘들 경우, 청나라 정부는 금병제정金瓶掣定, 즉 금 병에서 점대를 뽑는 방식으로 환생한 동자를 확정했다.

이와 유사한 금병제정 사례를 많이 볼 수 있다.『청광조궁중당』, 『군기처당·월접포』,『청실록』등에 이에 대한 상세한 기록이 나와 있다. 예를 들어 도광 30년을 전후해 3명의 영동을 방문한 적이 있고, 광서 20년을 전후해 청조의 관리가 2명의 영동을 방문한 적도 있다. 당시 조사 책임을 맡았던 관리들은 현장에서 활불의 진위를 판별하지 못했고 관례에 따라 금병제정 방식을 동원해 마지막 확인 작업을 벌였다.

환생 영동에 대한 조사 방문

도광 30년(1850) 9월을 전후하여 합륵길나哈勒吉那 등이 청해 탁찰파卓札巴 일대에서 장가활불의 환생 영동을 방문했다는 상주문을 올렸다.『청실록』의 관련 기록에는 합륵길나의 한문 상주문만 남아 있을 뿐, 방문에 대한 구체적인 상황은 나와 있지 않다. 그러나 합륵길나가 탁찰파 지역에서 환생 영동을 조사 방문했다는 만주어 상주문에는 비교적 상세하게 과정이 설명되어 있다. 만주어 상주문의 기록을 살펴보면 도광 26년(1846)에 장가활불이 세상을 떠나자 사람들이 그 뜻을 받들어 환생한 영동을 조사, 방문했음을 알 수 있다. 장가활불의 제자 찰살극라마 작목차爵木礎 및 취포장吹布臟 호도극도呼圖克圖[10] 등까지 함께 방문하도록 했다. 황명을 받들어 사방을 수소문한 일행은 그로부터 4년이 지난 후에야 취포장사吹布臟寺에 이르렀고, 사찰 동쪽의 파오에서 태어난 지 9개월 된 아이를 발견했다. 그 아이가 바로 장가활불의 환생 영동이었다.

장가 호도극도 환생 영동을 찾은 후 청조는 후속 업무를 적절하게 처리하여 영동의 안전을 확보했다. 『궁중당함풍조주접』에는 장가활불이 방해를 받지 않고 편안하게 주거할 수 있도록 함풍 원년(1851) 10월 3일에 합륵길나 등에게 명령을 내려 관병을 파견했다고 적혀 있다.

그 후 광서 연간에 장가활불은 두 차례 환생했다. 이때 환생 활불을 찾는 두 번의 과정은 우여곡절이 매우 많았다. 광서 연간의 첫 번째 환생은 광서 7년(1881) 10월 전후에 이루어졌다. 『군기처당·월접포』의 기록에 따르면, 당시 청조는 특별히 명령을 내려 예전의 사례에 따라 처리하도록 하니, 관련 관원들이 함께 활불 검증에 나섰다.

광서 8년(1882) 5월 중순에서 6월을 전후해 청조는 관리들에게

---

10 청조에서 몽골, 티베트 지역 라마교 상층 활불에게 내린 봉호이다.

환생한 영동의 집안 내력을 조사하라고 명령했다. 이에 관리가 방문해 영동의 가족관계, 성명, 나이 등을 조사하고 조정에 보고했다.

광서 연간에 벌어진 장가활불의 두 번째 환생은 광서 20년(1894) 5월에 이루어졌으며, 규순奎順 등의 관리가 환생 영동을 방문했다. 5월 19일, 규순이 특별히 조정에 상주문을 보내 그들이 찾은 영동이 2명이란 사실을 보고했다. 이후 관리들은 두 아이를 북경 옹화궁으로 보내 둘의 이름을 적어 금병에 넣고 점대를 뽑도록 했다. 알랍목릉친嘎拉穆楞親의 아들 상길찰포桑吉札布가 장가 호도극도가 사용했던 염주, 방울, 저 등의 법기를 식별했으며 금병의 점대를 통해서도 그가 환생한 활불임이 확인되었다.

『청실록』에는 광서제가 환생한 장가활불 영동을 발견한 일에 기뻐했다고 적혀 있다.『청덕종경황제실록淸德宗景皇帝實錄』에는 광서 20년(1894) 1월 정축 조항 아래에 "짐의 마음이 심히 기쁘다. 장가 호도극도는 경전에 능통한데 오늘 신령 호필륵한呼畢勒罕(환생)이 세상에 나오니 그 성정이 사라지지 않았도다"라고 말한 기록이 남아 있다. 광서제는 장가활불의 환생을 찾은 것이 조정의 '큰 희소식'이라 일렀다.

황제는 기쁨의 표시로 장가활불에게 자신이 늘 지니고 있던 염주 하나를 선물하는 한편, 이 일을 몽골 왕공과 티베트의 달라이라마, 반선액이덕니班禪額爾德尼(판첸라마), 장가활불의 제자, 북경 각 사찰의 승려 및 장가활불이 생전에 머문 사찰의 라마승들에게 모두 알렸다.

장가활불의 환생은 법열法悅의 희소식이자 특별한 생명의 여정이었다. 그는 전란의 세월을 거치는 동안 계속해서 티베트 불교를 널리 알렸으며 청조가 몽골 및 티베트에 관한 문제를 처리하는 데 도움을 줬다. 1957년에 일곱 번째 장가활불이 사망한 뒤 중국 정부는 더 이상 환생을 인정하지 않기로 결정했다. 이로써 오랫동안 윤회를 통해 '재래인'으로서 세상에 불교를 널리 알려온 장가활불의 삶이 막을 내렸다.

처음 이 책을 받아들고 자금성이란 단어를 보면서 문득 2003년 무더운 어느 여름날이 떠올랐다. 겨우 사스SARS(중증급성호흡기증후군)의 공포에서 벗어난 우리 식구는 간만에 북경을 찾아 여행의 즐거움을 만끽하고 있었다. 때마침 중국국가박물관에서 승덕承德의 피서산장避暑山莊에 관한 특별전이 열리고 있었기 때문에 그곳에 들러 청대 황가의 유물을 열심히 감상했다. 열하熱河와 관련된 번역서를 막 끝낸 뒤라 더욱 의미가 있었다.

당시도 그런 생각이 들었지만 청대는 시기적으로 가장 가까운 왕조이면서도 왠지 낯설게 느껴진다. 어쩌면 조선조에서 소중화小中華를 자임하며 청조를 오랑캐 정권쯤으로 치부했던 무지의 문화적 DNA가 작동하고 있기 때문인지도 모른다. 하지만 청조는 전체 중국사에서 가장 화려했던, 그리고 무엇보다 장기간에 걸쳐 태평성세를 누린 왕조였다. 일반적으로 어느 시대나 가장 화려한 극성기가 있기 마련이다. 예를 들어 한조는 무제 시절이 그렇고 당대는 현종, 명대는 영락제 시절이 그러하다. 하지만 어떤 왕조이든 일단 성세에 이른 뒤 서서히 또는 급격히 몰락의 길로 접어드는 것이 상례이다. 이에 비해 청조는 제4대 황제인 강희제 시대에 정치 체제를 완성한 이후 옹정제를 거쳐 중국 역사상 가장 오랜 치세로 유명한 건륭제 시절까지 거의 130여 년 동안 전성기를 구가했다.

조선조 시절 자제군관子弟軍官으로 청조의 수도 북경을 방문했던 박지원이나 홍대용, 그리고 나중에 추사 김정희에 이르기까지 이른바 북학파들이 느꼈을 감동과 놀라움, 그리고 반성을 능히 짐작할 수 있을 듯하다. 하지만 그들도 못 본 것이 있으니, 바로 황제와 황후, 조정의 고위 대신들의 무대인 자금성이 아니라 태감과 궁녀, 궁문 호위병들이 생활하는 자금성, 역체의 마부와 천리교도들이 사는 청나라이다.

『자금성의 보통 사람들』은 바로 그들이 보지 못한, 그야말로 청조 자금성과 관련된 '소인물', 즉 하찮은 이들의 이야기이다. 정사에는 적혀 있지 않은 이들, 그것도 사건이나 사고에 연루되어 형벌을 받은 이들이거나 그저 이름만 남아 역사의 뒤안길에서 서성이다 스러져간 사람들, 그리고 거대한 역사극의 막 뒤에서 부지런히

오갔을 무명인들의 삶에 대한 기록이란 뜻이다. 군주의 역사, 명신과 저명학자의 업적, 그리고 탁월한 묵객과 무관의 삶을 기록한 정사에 익숙한 우리에게 장삼이사張三李四이거나 갑남을녀甲男乙女일 뿐인 뭇 백성의 삶은 별다른 인상을 줄 것이다. 사실 우리 역시 그런 필부필부匹夫匹婦에 지나지 않을 것이니 이 또한 흥미롭지 않겠는가. 분명한 사실은 저자의 말대로 그들의 삶 역시 우리에게 깊은 감동을 가져다줄 뿐만 아니라 일종의 동질감을 느끼게도 한다는 점이다.

저자는 명청 시대의 중요 공문서, 이른바 당안을 오랫동안 뒤적이며 바로 그러한 이들의 기록을 찾아 삶의 조각들을 모았다. 그리고 이 책을 통해 우리가 모르던 자금성의 뒷이야기를 전해준다. 독자 여러분도 그가 모아놓은 조각을 따라 가면서 나름대로 흥미와 동정을 지니게 될 것이라 믿어 의심치 않는다.

이 책을 번역하게 된 오랜 인연을 감사하게 생각하며, 저자에게도 감사의 뜻을 전한다.

자금성의 보통 사람들

2019년 5월 3일 1판 1쇄

지은이 왕이차오
옮긴이 유소영

기획위원 노만수
편집 이진·강변구·이창연 **디자인** 김민해
제작 박흥기 **마케팅** 이병규·양현범·이장열

출력 블루엔 **인쇄** 한승문화사 **제책** J&D바인텍

펴낸이 강맑실 **펴낸곳** (주)사계절출판사
등록 제406-2003-034호 **주소** (우)10881 경기도 파주시 회동길 252
전화 031)955-8588, 8558 **전송** 마케팅부 031)955-8595 편집부 031)955-8596
홈페이지 www.sakyejul.net **전자우편** skj@sakyejul.co.kr
블로그 skjmail.blog.me **페이스북** facebook.com/sakyejul
트위터 twitter.com/sakyejul

값은 뒤표지에 적혀 있습니다. 잘못 만든 책은 서점에서 바꾸어 드립니다.

사계절출판사는 성장의 의미를 생각합니다.
사계절출판사는 독자 여러분의 의견에 늘 귀기울이고 있습니다.

ISBN 979-11-6094-467-9 03910

이 도서의 국립중앙도서관 출판시도서목록(CIP)은
서지정보유통지원시스템 홈페이지(http://www.seoji.nl.go.kr)와
국가자료공동목록시스템(http://www.nl.go.kr/kolisnet)에서
이용하실 수 있습니다. (CIP제어번호: CIP2019015184)